KB269434

엄마와 함께 공부하는
명심보감 명구

안과순 편저

150선

이담북스

　　오늘날 급변하는 사회의 인종 간, 세대 간, 성별 등 다양한 갈등이 표출하는 상황에서 학생과 학부모가 함께 올바른 가치관과 삶의 지혜를 배우는 일은 무엇보다 중요합니다. 그런 점에서 인생 전반기를 대한민국의 경제발전에 지대한 공헌을 하신 경험과 후반기에는 서예 및 각종 집필활동을 하신 경험을 바탕으로 행촌 안과순 작가님께서 펴내신 "엄마와 함께 공부하는 명심보감 명구 150선"은 참으로 소중한 책이라 생각합니다.

　　행촌 안과순 작가님은 교육 현장에서 학생과 학부모에게 필요한 고전의 지혜를 오늘의 언어로 풀어내셨습니다. 이 책은 학생들에게는 바른 품성과 학문의 길잡이가 되고, 학부모에게는 자녀와 함께 성장하는 지혜로운 나침반이 될 것입니다.

　　특히 "명심보감" 속 교훈들을 현대적 상황에 맞게끔 재해석하여 단순한 교훈집이 아니라 삶을 성찰하게 하는 책으로 엮어낸 점이 큰 울림을 줍니다. 세대를 넘어 공감할 수 있는 메시지가 담겨 있어, 가정과 학교 모두에게 길이 전해질 가치가 있습니다.

　　행촌 안과순 작가님의 이 귀한 책이 많은 가정과 교육 현장에서 널리 읽히며, 우리 사회의 밝은 미래를 여는 등불이 되기를 진심으로 기대합니다.

2025년 12월

한국원격교육연수원협회 부회장

교육학 박사 남기태

유대인들에게 탈무드가 있다면, 우리나라에는 명심보감이 있다.

명심보감은 "마음을 밝게 해 주는 보배로운 거울이다." 이 책은 동양고전의 진수만을 뽑아 엮은 책이다. 고려 충렬왕 때의 학자 추적 선생이 편찬하여, 우리나라에 지금과 같은 교육제도가 도입되기 이전까지 어린이 필독서로 읽혀 왔다.

아이가 태어나서 여섯 살이 되면 천자문을 가르쳐서 한자를 익히게 하였고, 열 살이 되면 명심보감을 가르쳤다.

명심보감에는 인간이 타고 난 착한 인성이 오염되지 않도록 유지 발전시킬 방법과 훌륭한 어른으로 성장할 수 있는 방향을 제시하는 보물 같은 글들을 담고 있다.

현대 교육제도가 도입되면서 이러한 보물 같은 책이 우리에게서 멀어진 것이 못내 아쉬움으로 남는다. 오늘날 어린이 교육은 참 인간으로서 갖추어야 할 기본적인 도덕, 인성을 기르는 것을 멀리하고 오로지 어떻게 하면 좋은 대학에 가고, 남보다 좋은 직업을 갖느냐에 치중되어 있음이 통탄스럽다. 오죽하면 서울 어느 곳의 학원가에는 어린이 '의대 입시반'이

성업 중이라는 웃지 못할 이야기가 들려온다.

극심한 저출산 시대에 태어난 자랑스러운 어린이들이여!

그대들은 우리나라의 찬란한 장래를 이끌어 갈 인재들이다. 명징한 마음으로 멀리 내다보면서 찬란한 장래를 설계하라. 거기에는 그대들의 성공한 모습이 우뚝 서 있고, 행복한 가정이 있고, 통일된 선진 강국 대한민국이 찬란할 것이다.

결혼도 안 하고 아이도 안 낳는 작금의 현실 속에서 아이를 낳아 기르는 자랑스러운 엄마들이여! 그대들은 우리 역사에 남을 훌륭한 엄마들이다. 그러나 한글세대에, 자라면서 한자 공부를 할 기회가 없어 우리나라 말의 어원이 거의 한자에서 왔음을 고려할 때, 안타깝게도 한자의 문맹세대가 되었다. 그러니 아이와 함께 이 책을 공부하면서 일석이조(一石二鳥)의 효과를 얻을 수 있기를 바란다.

이 책은 그 명심보감 중에서도, 어린이가 반드시 알고 지켜나가야 할 명구 150개를 골라 알기 쉽게 해설하였다. 기초 한자를 익히기 위해서 한자 쓰기 연습을 할 수 있는 난을 만들었으며, 그 명구들이 갖는 현대적인 의미를 알기 쉽게 해설하였다.

이 책이 널리 읽히기를 바란다.

자랑스러운 엄마들과 어린이들이여! 희망찬 내일을 창조하자.

2025년 12월

행촌(杏村) 안과순

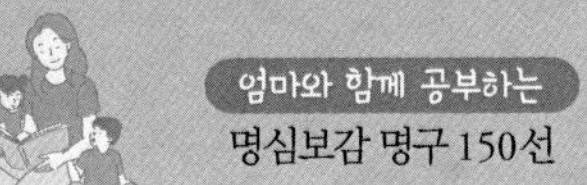

제2부

제3부

제4부

제5부

일러두기

1. (한자 연습) 란에서는 비교적 쉽지만 우리가 자주 쓰는 한자는 여러 번 반복하였다.

2. (교훈) 란에는 유완빈 편역, 이야기 명심보감에서 인용한 부분이 많음을 밝혀둔다.

석양에 돌아오는 어머니　　　　저출산 시대에 자녀를 가진 자랑스러운 엄마들에게 꼭 하고. 싶은 말이 있다. "孟母三遷之敎(맹모삼천지교)"란 고사가 있다. 이는 어린 아들을 가르치기 위해 맹자가 어렸을 때 어머니가 세 번 이사했다는 고사다. 그에 더하여 어머니는 어린 맹자를 공자님의 손자 子思(자사)에게 보냈는데, 맹자는 얼마를 못 참고 돌아왔다. 맹자의 어머니는 그 이유를 물었다. 어린 맹자는 엄마가 보고 싶었다고 답했다. 어머니는 짜던 베틀에 올라가 날줄을 끊으면서 어린 맹자에게 일갈했다. 네가 돌아가지 않으면 이 날줄을 다 끊겠다고. 맹자는 즉시 돌아가서 공자님 다음으로 유명한 학자가 되었다. 우리나라에도 유명한 엄마의 교육열이 있다. 이율곡 선생의 어머니 신사임당 여사다. 신사임당은 어린 율곡을 강릉의 오죽헌으로 데리고 가서 대학자로 성장시켰다. 우리나라가 가난했던 시절, 많은 엄마들은 낮에는 봇짐을 인 채 이웃 동네를 돌면서 장사를 하고, 저녁에는 길쌈을 해서 자식이 공부하도록 자금을 마련했다. 여기 저녁노을을 등지고 옷감 봇짐을 머리에 이고 집으로 돌아오는 어머니도 그런 분 중의 한 분이시다. 자랑스러운 엄마들이여 지금의 여건은 그때보다는 훨씬 좋은 세상이다. 어린 자녀의 잠재력을 파악하고 그에 맞는 교육에 열중하기 바란다.

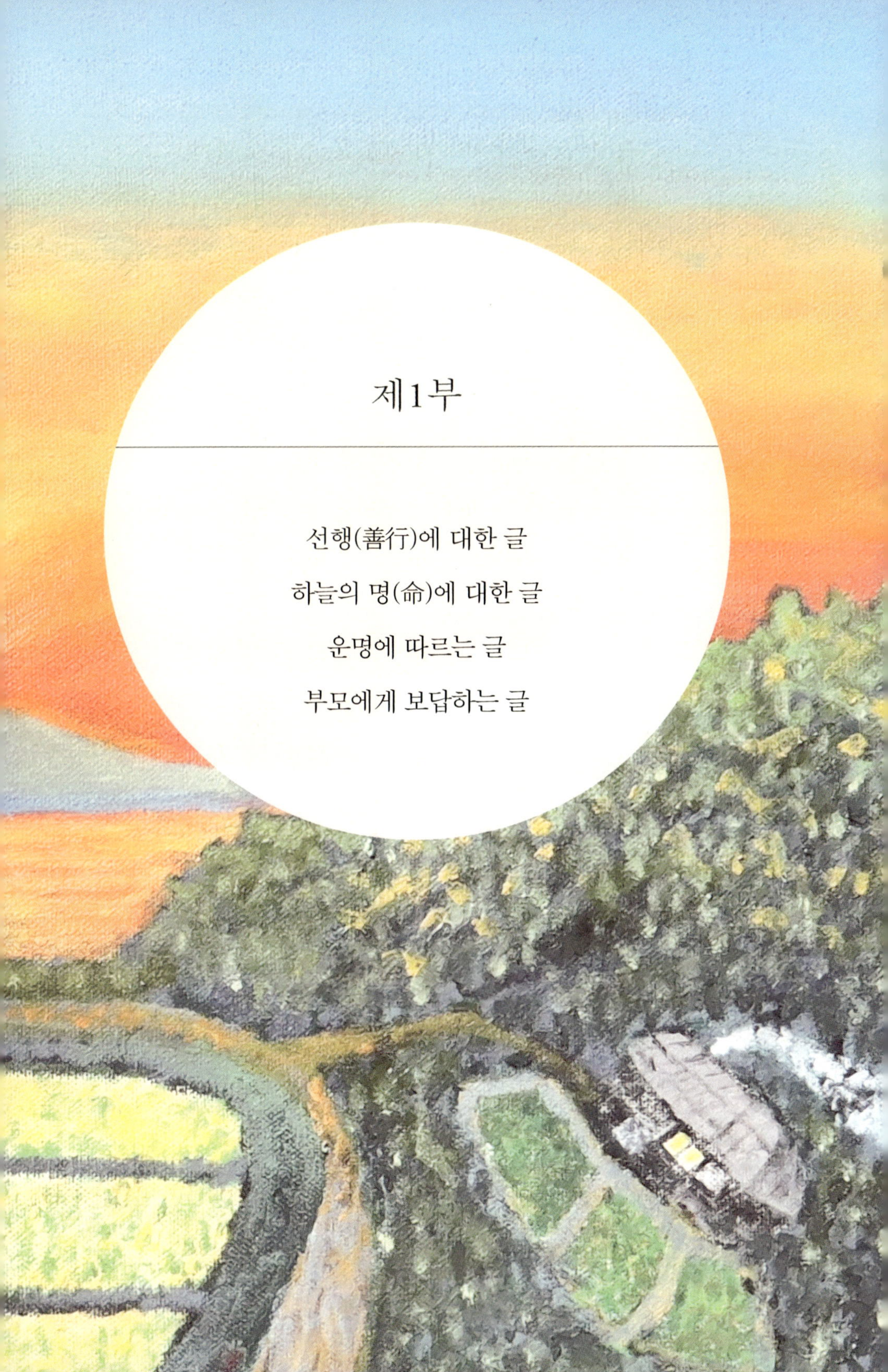

제1부

선행(善行)에 대한 글
하늘의 명(命)에 대한 글
운명에 따르는 글
부모에게 보답하는 글

명구 1

爲善者天報以福 爲不善者天報以禍

위선자천보이복 위불선자천보이화

한자 연습

爲; 할 위, 생각할 위. 善; 착할 선. 者; 놈 자, 사람 자. 天; 하늘 천. 報; 갚을 보. 以; 써 이. 福; 복 복. 不; 아니 불. 禍: 재앙 화.

해석

착한 일을 하는 사람에게는 하느님께서 복으로 보답하고, 착하지 않은 일을 하는 사람에게는 하느님께서 화로 갚느니라.

풀이

하늘은 인간이 이 세상에 태어날 때부터 절대적이며 경외의 대상이었다. 동서양의 모든 종교 또한 그 근원은 하느님으로부터 나온다. 그만큼 우리는 태어날때부터 마음속으로 하느님을 품고 나오는 것이다. 우리가 품은 하느님은 지극히 착하신분이시지만, 악에는 준엄하게 심판하는 분이시다. 그러므로 공자님도 착한일을 하는 사람에게는 하느님의 복을 내리시고, 악한일을 하는 사람에게는 하느님께서 벌을 내리신다고 가르치셨다. 어린이들이여! 너희는 본디 착하게 태어났다. 악한 것에 물들지 말고, 착하고, 특히 부모님에게 극진한 효도를 다하기 바란다. 이것이 내가 이 책을 펴내서 너희들에게 보내는 간절한 마음이다.

본문

子曰, 爲善者는 天報以福하고 爲不善者는 天報以禍니라.

공자님께서 말씀하셨다. 착한 일을 하는 사람은 하늘이 복으로써 갚아주고, 악한 일을 하는 사람은 하늘이 재앙으로써 갚아주느니라.

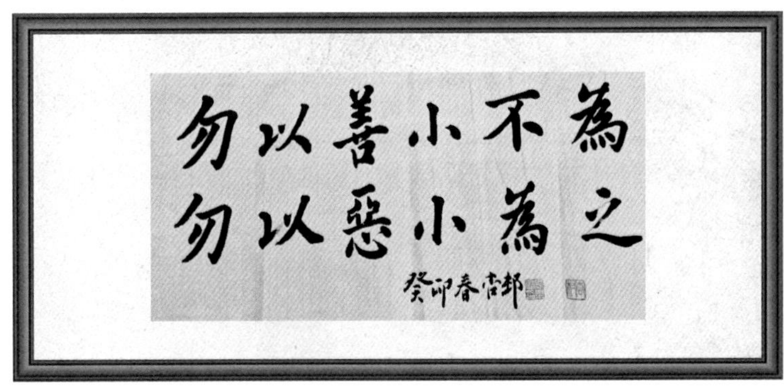

勿以善小不爲 勿以惡小爲之

물이선소불위 물이악소위지

한자 연습　勿; 없을 물. 말 물. 小; 작을 소. 惡; 악할 악. 之; 갈지. 어조사 지.

해석　착한 일이 작다고 아니하지 말며, 악한 일이 작다고 해서 하지 말라.

풀이　착한 일은 아무리 작은 일이라도 꼭 해야 한다. 이 세상에 착한 일은 수없이 많다. 작게는 쓰레기를 함부로 버리지 않는 것, 미물이라도 사람을 해치지 않는 한 보호하는 것, 이웃을 사랑하는 것, 불쌍한 사람을 돕는 것 등등… 이러한 일들은 어려서부터 부단히 익혀서 마음에서 저절로 우러나게 해야 한다. 악한 일은 아무리 사소한 일이라도 해서는 안 되는 것이다. 속담에 바늘 도둑이 소도둑 된다는 말을 명심해야 한다.

본문　漢昭列이 將終에 勅後主日, 勿以善小而 不爲하고 勿以惡小而 爲之하라.

한나라 소열황제가 임종하려 할 때에 후주에게 이르기를, 착한 일이 작다고 해서 아니하지 말며, 악한 일은 작다고 해도 하지 말라.

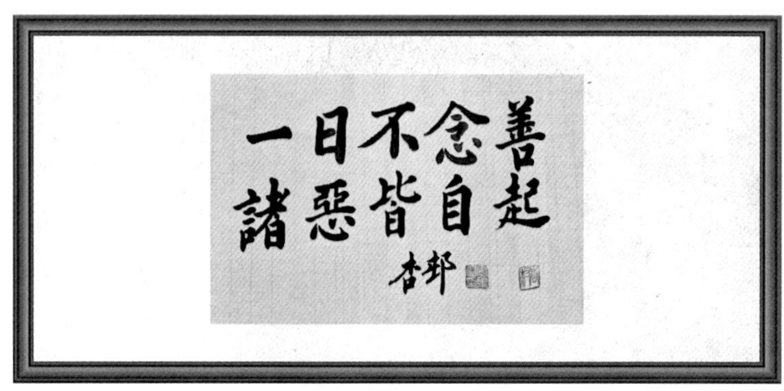

一日不念善 諸惡皆自起

일일불념선 제악개자기

한자연습　一; 한 일. 日; 날 일. 念; 생각할 염. 諸; 모든 제. 여러 제. 自; 스스로 자. 起; 일어날 기.!

해석　하루라도 착한 일을 염두에 두지 않으면, 모든 악한 것이 저절로 일어난다.

풀이　사람은 항상, 즉 깨어 있는 동안에는 언제나 착한 일을 염두에 두고 실천해야 한다. 그렇지 않으면 크고 작은 악한 일들이 자기도 모르는 사이에 비집고 들어온다.

본문　莊子曰, 一日不念善이면 諸惡이 皆自起니라.

장자가 말하였다. 하루라도 선한 일을 염두에 두지 않으면 모든 악한 것이 저절로 일어나느니라.

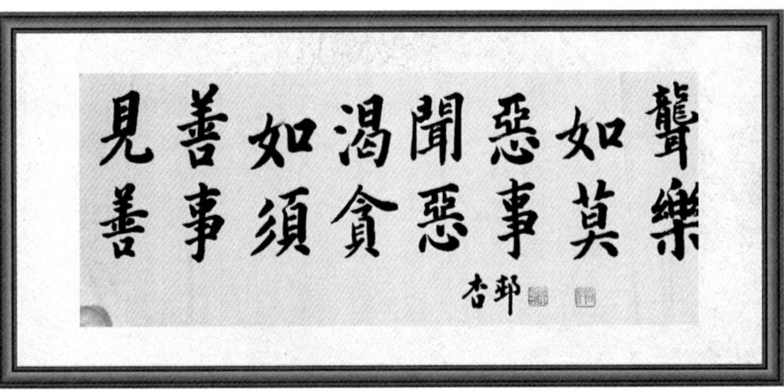

명구 4

見善如渴 聞惡如聾 善事須貪 惡事莫樂

견선여갈 문악여롱 선사수탐 악사막락

한자 연습

見; 볼 견. 如; 같을 여, 渴; 목마를 갈. 聞; 들을 문, 聾; 귀머거리 롱. 事; 일 사. 須; 모름지기 수. 貪; 탐할 탐. 莫; 없을 막. 樂; 즐거울 락.

해석

착한 것을 보거든 목마를 때와 같이하고, 악한 것을 보거든 귀먹은 것 같이하라. 선한 것은 탐을 내고, 악한 일은 즐겨하지 말라.

풀이

세상에는 선한 일도 많고 악한 일도 많다. 착한 일을 보거든 목마를 때 물을 마시듯 내 것으로 하고, 악한 일을 보거나 듣거든 귀머거리와 같이 못 들은 척하라. 악하다고 생각되는 일은 근처에도 가지 말고 들었더라도 바로 버리고 잊는 것이 상책이다. 즉 착하고 선한 일은 바로 내 것으로 하고 악한 일은 즐겨할 생각을 말 것이니라.

본문

太公曰, 見善如渴하고 聞惡如聾하라. 又曰 善事는 須貪하고 惡事는 莫樂하라.

태공이 말하였다. 선한 것을 보거든 목마를 때 물을 보듯 하고, 악한 것을 듣거든 귀먹은 것처럼 하라. 또 이르기를, 선한 일은 모름지기 탐내고 악한 일은 즐겨하지 마라.

| 명구 5 | 終身行善 善猶不足 一日行惡 惡自有餘 |

終身行善 善猶不足 一日行惡 惡自有餘
종신행선 선유부족 일일행악 악자유여

한자 연습
終; 끝날 종. 身; 몸 신. 行; 갈 행. 행할 행. 猶; 오히려 유. 足; 발 족. 족할 족.
有; 있을 유. 餘; 남을 여.

해석
죽을 때까지 착한 일을 해도 오히려 부족하고, 하루라도 악한 일을 하면 저절로 남느니라.

풀이
착하고 선한 생각이나 일은 죽을 때까지 하더라도 부족할 것이고, 한순간이라도 악한 일을 하거나 생각을 하면 그것은 자기 자신에게 오점으로 남는 것이니 악한 일은 근처에도 얼씬거리지 말지니라.

본문
馬援曰, 終身行善이라도 善猶不足이요 一日行惡이라도 惡自有餘니라.

마원이 말했다. 죽을 때까지 선한 일을 해도 선한 일은 오히려 부족하고, 하루라도 악한 일을 하면 악한 일은 저절로 자신에게 남느니라.

30

명구 6

恩義廣施 讐怨莫結

은의광시 수원막결

**한자
연습**

恩; 은혜 은. 義; 옳을 의. 廣; 넓을 광. 施; 베풀 시. 讐; 원수 수. 怨; 원망할 원.
莫; 없을 막. 結; 맺을 결.

해석

은혜로운 일과 의로운 일은 널리 베풀고, 남과 원한을 맺지 말라.

풀이

상대방을 언제나 사랑하고 은혜로운 일이나 의로운 일은 널리 베풀어야 한
다. 인생을 살아감에 있어서 그 사람을 어느 곳에서 만날지 모른다. 또한 남
과 원한을 절대로 맺지 말지니라. 길이 좁은 곳에서나 외나무다리에서 그를
만날지도 모른다. 그때는 피할 길조차 없을 것이다.

본문

景行錄에 曰 恩義를 廣施하라 人生何處不相逢가 讐怨을 莫結하라 路逢狹處면 難回避니라.

《경행록》에서 말하였다. 의로운 일을 널리 베풀라. 사람이 살다 보면 어느 곳에든지 만날 수
있다. 원한을 맺지 말라. 길이 좁은 곳에서 만나면 회피하기가 어려우니라.

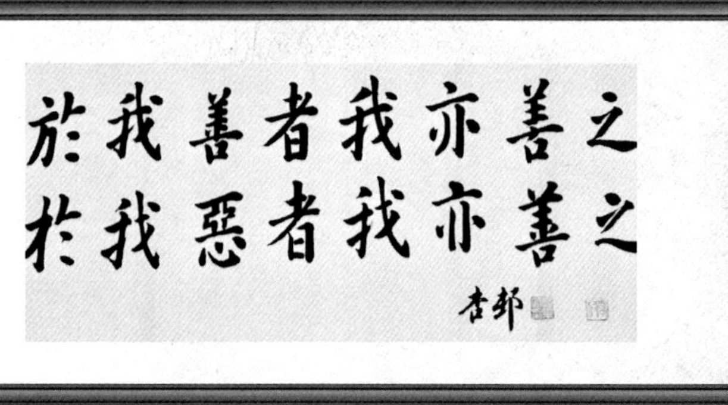

於我善者 我亦善之 於我惡者 我亦善之

어아선자 아역선지 어아악자 아역선지

한자 연습 於; 어조사 어. 我; 나 아. 亦; 또 역.

해석 나에게 선하게 하는 사람에게도 나 또한 선하게 하고, 나에게 악하게 하는 사람에게라도 나는 선하게 대할 것이다.

풀이 나에게 착하게 하는 사람에게 나 또한 착하게 대하는 것은 어쩌면 당연하다. 그러나 나에게 악하게 하는 사람에게 나는 어떻게 대할 것인가? 이것은 어려운 일이다. 예수 그리스도께서도 모든 사람을 사랑하라. 원수까지도 사랑하라고 가르치고 있다. 우리는 극히 어려운 일이지만 나에게 악하게 하는 사람에게도 선하게 대하는 것이 옳은 일이다. 나에게 악하게 대한다고 나도 악하게 대하면 악순환만이 되풀이될 뿐이다. 그러므로 나에게 악하게 하는 사람에게 내가 선하게 대하게 되면 그 또한 나에게 선하게 대하게 될 것이다. 어렵지만 명심하고 실천해야 할 덕목이다.

본문 莊子曰. 於我善者도 我亦善之하고 於我惡者도 我亦善之니라. 我旣於人에 無惡이면 人能於我에 無惡哉인저.

장자가 말하였다. 나에게 선하게 하는 자에게도 나 또한 선하게 하고, 나에게 악하게 하는 자에게도 나는 선하게 할 것이다. 내가 이미 남에게 악하게 함이 없으면 남도 나에게 악하게 하는 일이 없을 것이다.

명구 8　　　行善之人 如春園之草 不見其長 日有所增

행선지인 여춘원지초 불견기장 일유소증

**한자
연습**　春; 봄 춘. 園; 동산 원. 草; 풀 초. 其; 그 기. 長; 길 장. 增; 불을 증.

해석　착한 일을 하는 사람은 봄 동산의 풀과 같아서 자라는 것이 눈으로 보이지는 않지만 날마다 무럭무럭 자라느니라.

풀이　착한 성품을 가지고 남을 사랑하고, 착한 일을 솔선해서 실행하고, 봉사 정신이 투철한 사람은 눈으로는 보이지 않지만 마치 봄 동산의 나무나 풀과 같아서 훌륭한 인재로 무럭무럭 자라난다. 그러니 어려서부터 이런 정신과 실천력을 꾸준히 길러야 한다.

본문　東岳聖帝垂訓에 曰, 一日行善이라도 福雖未至나 禍自遠矣요 一日行惡이라도 禍雖未至나 福自遠矣라. 行善之人은 如春園之草하여 不見其長이라도 日有所增하고 行惡之人은 如磨刀之石하여 不見其損이라도 日有所虧니라.

동악성제 『수훈』에서 말했다. 하루 착한 일을 행하면 비록 복이 바로 오는 것은 아니지만 재앙은 저절로 멀어지고, 하루 악한 일을 행하면 재앙이 바로 오지는 않으나 복을 저절로 멀어진다. 착한 일을 하는 사람은 봄 동산의 풀과 같아서 자라는 것이 보이지는 않지만 날마다 무럭무럭 자라고, 악한 일을 하는 사람은 칼을 가는 숫돌과 같아서 닳아 없어지는 것이 보이지는 않지만, 칼을 갈 때마다 조금씩 닳아 없어지는 것이다.

<table>
<tr><td>명구 9</td></tr>
</table>

子曰 見善如不及 見不善如探湯

자왈 견선여불급 견불선여탐탕

한자 연습   曰; 가로 왈, 말할 왈. 及; 미칠 급. 探; 찾을 탐. 湯; 물 끓을 탕.

해석   공자님께서 말씀하셨다. 착한 일을 보거든 거기에 미치지 못할 것처럼 여기고, 선하지 않은 일을 보거든 끓는 물을 더듬는 것처럼 여겨라.

풀이   착한 일을 보거든 지나치지 말고 어떻게든 내 것으로 만들고, 악한 일을 보거든 마치 끓는 물을 가까이 한 것처럼 피해야 한다. 착하지 않은 일에는 근처에도 얼씬거리지 말 것이니라.

명구 10

順天者存 逆天者亡

순천자존 역천자망

한자연습 順; 순할 순. 存; 있을 존. 逆; 거스를 역. 亡; 망할 망.

해석 하늘의 명에 순종하는 사람은 살아 남고, 하늘의 명을 거역하는 자는 망하느니라.

풀이 하늘의 명령이란 무엇일까? 앞으로 공부하겠지만, 유교에서 지켜야 할 삼강오륜 외에 인간으로서 지켜야 할, 수많은 것을 내포하고 있다. 즉 남을 사랑하는 것, 자연을 사랑하는 것, 좋은 인간관계를 형성하는 수많은 법도들, 더 나아가 공부를 열심히 하는 것 건강을 유지하기 위한 섭생, 운동 등등… 이러한 것들은 누가 시켜서 하는 것이 아니라 마음속에서 저절로 우러나게 해야 하는 것이다.

이러한 사람은 이 사회에 훌륭한 사람으로 살 것이며, 이러한 것들을 어기고 사는 사람은 이 사회에 있어서는 안 될 사람이다.

본문 孟子曰, 順天者는 存하고 逆天者는 亡이니라.

맹자께서 말씀하셨다. 하늘의 명에 순종하는 자는 살아남고, 하늘의 명을 거역하는 자는 망하느니라.

명구 11 　天聽寂無音 蒼蒼何處尋 非高亦非遠 都只在人心
천청적무음 창창하처심 비고역비원 도지재인심

한자 연습　聽; 들을 청. 寂; 고요할 적. 音; 소리 음. 蒼; 푸를 창. 尋; 찾을 심. 非; 아닐 비. 高; 높을 고. 遠; 멀 원. 都; 도읍 도, 모두 도. 只; 다만 지.

해석　하늘의 들으심은 고요하여 소리가 없으니, 푸르고 푸른 어느 곳에서 찾을까? 그것은 높지도 않고 멀지도 않으니, 모두가 사람 마음속에 있느니라.

풀이　여기서 하늘이 듣는다고 표현한 것은, 사람의 마음을 강조하기 위한 것이다. 그리스도교에서는 "하늘에 계신 우리 아버지"라고 표현하고, 불교에서는 "일체유심조"라고 표현한다. 이러한 표현들은 다 사람의 마음속에 있다는 표현들이다. 그러니 선과 악은 다 사람의 마음속에 있는 것이다. 사람의 마음 그릇은 일정하여 그곳에는 항상 선으로 가득 채워 넣어야 한다. 즉 악이 비집고 들어올 빈틈을 남겨서는 안 되는 것이다.

명구 12

人間私語天聽若雷 暗室欺心神目如電

인간사어천청약뢰 암실기심신목여전

한자연습

間; 틈 간. 사이 간. 人間; 사람. 私; 사사로울 사. 語; 말씀 어. 聽; 들을 청. 若; 같을 약. 雷; 우레 뢰. 暗; 어두울 암. 室; 집 실. 欺; 속일 기. 神; 귀신 신. 정신 신. 目; 눈 목. 如; 같을 여. 電; 번개 전. 전기 전.

해석

인간이 은밀하게 사사로이 하는 말이라도 하늘이 듣는 것은 우레와 같고, 어두운 방 안에서 자신의 마음을 속일지라도 신(神)의 눈으로는 번갯불처럼 밝게 보느니라.

풀이

"하늘이 알고, 땅이 알고, 내가 알고, 자네가 안다."라는 말이 있다. 세상에는 비밀이 없다. 인간들이 아무리 작은 소리로 속삭여도 하늘에게는 천둥소리만큼 크게 들리는 법이요, 어두운 방 안에서 혼자 하는 행동이라도 신은 훤하게 보고 있으니 나쁜 생각은 아예 하지 말라는 경구이다. 세상에 감출 수 있는 일이란 아무것도 없음을 명심하고 자기 행동과 말을 더욱 경계하라는 뜻이다.

본문

玄帝垂訓에 曰, 人間私語라도 天聽은 若雷하고 暗室欺心이라도 神目은 如電이니라.

현제가 『수훈』에서 말하였다. 인간들이 은밀하게 하는 말이라도 하늘이 듣는 것은 우레와 같고, 어두운 방 안에서 자신의 마음을 속일지라도 신은 번갯불처럼 밝게 보느니라.

惡鑵若滿 天必誅之

악관약만 천필주지

한자 연습
惡; 악할 악. 鑵; 두레박 관. 滿; 가득할 만. 誅; 목벨 주.

해석
만일 나쁜 마음이 가득해지면, 하늘은 반드시 벌하여 베느니라.

풀이
사람의 마음속에 악한 생각이 가득 차 있으면 반드시 대가를 치르게 된다는
뜻이다. 사람은 부모로부터 태어날 때는 착한 마음과 순수한 마음을 가진다.
그러나 불행하게도 자라면서 나쁜 사회에 물들고, 안 좋은 친구들과 어울리
게 되면 자기도 모르게 나쁜 마음이 쌓이게 된다. 이렇게 되면 하늘은 반드
시 벌을 내릴 것이니 아예 악에 물들지 말라는 경구이다.

본문
益智書에 云, 惡鑵이 若滿이면 天必誅之니라.

《익지서》에서 말하였다. 만일 나쁜 마음이 가득 차면, 하늘은 반드시 벌하여 베느니라.

명구 14

種瓜得瓜 種豆得豆

종과득과 종두득두

한자 연습 種; 씨앗 종. 심을 종. 瓜; 오이 과. 得; 얻을 득. 豆; 콩 두.

해석 오이를 심으면 오이를 얻고, 콩을 심으면 콩을 얻는다.

풀이 자연은 거짓말을 하지 않는다. 이것은 하늘이 내리는 불변의 이치다. 그러니 선을 행하면 복을 내리고, 악을 행하면 재앙을 내리는 것은 변함없는 하늘의 법칙이다. 우리가 바라보는 하늘은 높고 넓어서 무한한 것 같아도, 우리 인간이 행하는 행동 하나하나에 세심한 관찰을 하신다. 그러므로 토속신앙에서부터 기독교나 불교를 막론하고 모든 종교는 하느님의 지존하심을 우리 인간에게 끊임없이 일깨워주는 것이다.

본문 種瓜得瓜요 種豆得豆니 天網이 恢恢하여 疎而不漏니라.

오이를 심으면 오이를 얻고, 콩을 심으면 콩을 얻으니, 하늘의 그물이 넓고 넓어서 성글기는 하되 새지는 않느니라.

獲罪於天 無所禱也

획죄어천 무소도야

한자 연습 獲; 얻을 획. 罪; 허물 죄. 禱; 빌 도.

해석 하늘에 죄를 지면 빌 곳이 없느니라.

풀이 하늘에 죄가 될 정도로 큰 죄는 무엇일까? 사람은 무의식중에 크고 작은 죄를 범하고 산다. 그러니 자기가 한 일을 언제나 반성하고 하느님께 용서를 빌어야 한다. 하느님께서는 반성하는 자에게는 용서하신다. 하느님께서 용서 못 할 정도의 큰 죄는 무엇일까? 그것은 아마도 부모에게 크게 불효하는 것이요, 형제간의 우애를 깨뜨리는 것이요, 부부간에 불화하는 것 등일 것이다. 더 나아가 도적질하거나 남을 상하게 하는 일도 크나큰 죄일 것이다. 이렇게 큰 죄를 범하면 빌 곳조차 없다는 준엄한 경구이다. 그러기에 공자님께서도 아래와 같이 말씀하셨다.

본문 子曰, 獲罪於天이면 無所禱也니라.

공자님께서 말씀하셨다. 하늘에 죄를 지면, 빌 곳이 없느니라.

명구 16

死生有命 富貴在天

사생유명 부귀재천

한자 연습 死; 죽을 사. 生; 날 생. 有; 있을 유. 命; 목숨 명. 富; 부자 부. 在; 있을 재.

해석 죽고 사는 것은 명에 있고, 부하고 귀한 것은 하늘에 달렸느니라.

풀이 이 구절은 다분히 운명론적이다. 아주 옛날, 농경사회와 의학이 거의 없던 시기에 한 말이기도 하다. 그러나 오늘날에는 그 운명이라는 것을 믿지 말아야 한다. 비록 다소 약하게 태어났더라도 열심히 운동하고 현대 의학에 기초하여 섭생과 노력을 한다면 얼마든지 건강한 삶을 유지할 수 있다. 또한 공부를 열심히 하고 자기 적성을 찾아서 걸맞은 노력을 한다면 부자도 될 수 있고 흔히 우리가 말하는 출세와 권력을 누릴 기회가 얼마든지 있다. 어린이를 기르는 부모들은 이런 점을 유의해서 아이가 어렸을 때부터 아이 건강에 유의해야 하며 아이의 타고 난 적성 개발에 노력하도록 세심한 환경을 만들어 주어야 한다.

본문 子曰, 死生은 有命이요 富貴는 在天이니라.

공자님께서 말씀하셨다. 죽고 사는 것은 명에 달려 있고, 부하고 귀한 것은 하늘에 달렸느니라.

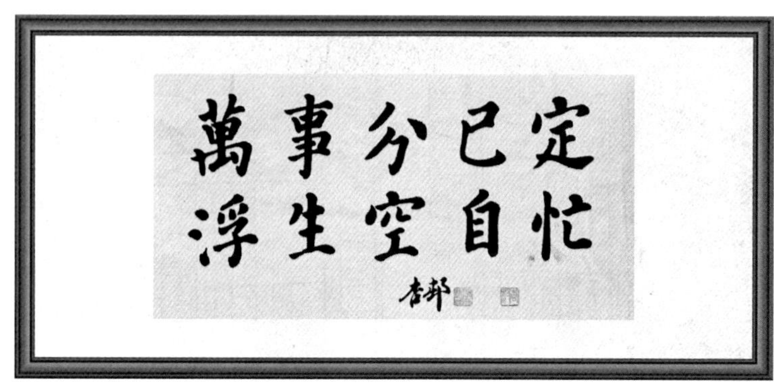

萬事分已定 浮生空自忙

만사분이정 부생공자망

한자 연습

萬; 일만 만. 事; 일 사. 分; 나눌 분. 분수 분. 已; 이미 이. 定; 정할 정. 浮; 뜰 부. 生; 날 생. 空; 빌 공. 忙; 바쁠 망.

해석

세상 모든 일은 분수가 이미 정해 있는데, 세상 사람들은 혼자서 부질없이 바쁘게 움직이느니라.

풀이

이 세상은 복잡하고 모든 일은 연관된 것들이 많다. 어려서는 공부를 열심히 하고 운동도 열심히 해서 체력을 길러야 하지만 성장하면 부모에게서 독립해야 하고 가정을 가져야 한다. 이런 과정에서는 자기의 능력을 알아야 하고 냉철한 판단력과 세심한 주의가 수반되어야 한다. 가령 무슨 사업을 시작한다고 하자. 남이 잘된다고 나도 잘되라는 법은 절대로 없다. 광범위한 시장 조사를 해야 하고 그 사업이 장래성이 있는지, 나의 자본 능력은 있는지, 경쟁력은 어느 정도인지 등을 세심히 고려해야 한다.

본문

萬事가 分已定이어늘 浮生이 空自忙이니라.

세상 모든 일은 분수가 이미 정해 있는데, 세상 사람들은 혼자서 부질없이 바쁘게 움직이느니라.

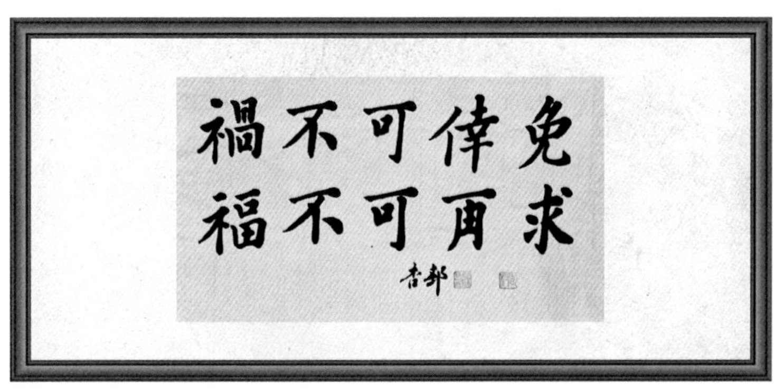

명구 18

禍不可倖免 福不可再求

화불가행면 복불가재구

한자연습 禍; 재앙 화, 허물 화. 倖; 요행 행. 福; 복 복. 再; 두 번 재. 求; 구할 구.

해석 화는 요행으로 면할 수 없고, 복은 두 번 다시 구하려 하지 말라.

풀이 사람이 일생을 살아가는 동안에는 길(吉) 흉(凶) 화(禍) 복(福)이 따라다니게 마련이다. 즉 좋은 일도 있고, 나쁜 일도 있으며, 재앙도 있을 수 있으며, 복도 있게 마련이다. 그러므로 안 좋을 일은 사전에 적극적으로 예방해야 한다. 모든 행동을 함에 앞서 안전 규칙을 철저하게 지키는 것이 화를 예방하는 좋은 예이다. 또한 좋은 일이나 재물은 스스로 오지 않으며 노력과 기회 포착의 산물이다. 그러니 살아가는 동안 좋은 목표를 달성하기 위해 끊임없는 노력이 수반되어야 하는 것이다.

본문 《景行錄》에 云, 禍不可倖免이요 福不可再求니라.

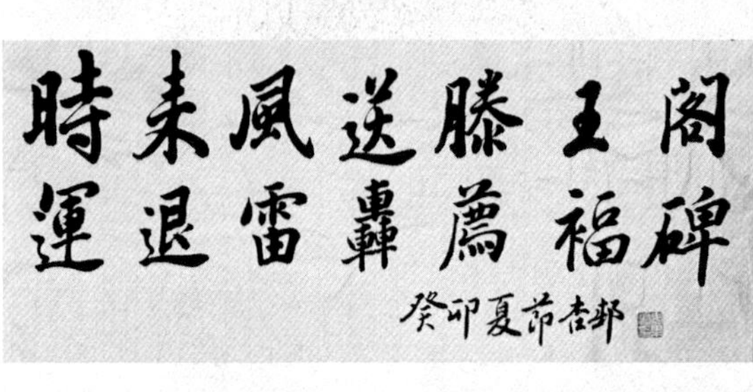

時來風送滕王閣 運退雷轟薦福碑

시래풍송등왕각 운퇴뇌굉천복비

한자 연습

時; 때 시. 風; 바람 풍. 送; 보낼 송. 滕; 물 솟을 등. 王; 임금 왕. 閣; 집 각. 運; 돌 운. 退; 물러날 퇴. 雷; 우레 뇌. 轟; 울릴 굉. 薦; 천거할 천. 福; 복 복. 碑; 돌기둥 비. 비석 비.

해석

때가 오니 바람이 등왕각으로 보내고, 운수가 물러가니 벼락이 천복비에 떨어졌느니라.

풀이

이는 역사적인 사실을 기록한 문장이다. 등왕각은 양쯔강 유역의 남창에 있는 누각으로 당나라 때 시인 왕발(王勃)의 등왕각 서문으로 유명하다. 또한 천복비는 강서성의 천복사에 있던 비(碑)로 당나라 시인 구양순(歐陽詢)이 비문을 썼다는 설이 있다. 그런데 당나라 때 왕발은 순풍을 타고 양쯔강 칠백 리 길을 하룻밤 사이에 가서 등왕각 준공 연회에 참석해서 역사에 길이 남을, 서문을 남겼고, 구래공(寇萊公)의 문객 한 사람은 천복비의 탁본(拓本)을 해오면 후사하겠다는 부탁을 받고 그곳에 갔으나 벼락으로 비석이 부서지는 바람에 허탕 친 일이 있다는 설에서 유래함. 그러니 운이 따른 왕발은 그 당시에는 뱃길을 갈려면 돛단배밖에 없었으니, 순풍이 불어서 그 유명한 등왕각 서문을 남기게 되었고, 돈을 벌기 위해 천복비의 탁본을 하러 간 사람은 벼락으로 뜻을 이루지 못했으니, 모든 일은 시운(時運)이 따라야 한다는 교훈을 남긴 옛이야기다.

 時來면 風送滕王閣이요 運退면 雷轟薦福碑니라.

때가 오니 바람이 등왕각으로 보내고, 운수가 물러가니 벼락이 천복비에 떨어졌느니라.

명구 20

父兮生我 母兮鞠我 哀哀父母 生我劬勞
欲報深恩 昊天罔極

부혜생아 모혜국아 애애부모 생아구로
욕보심은 호천망극

한자 연습

兮; 어조사 혜. 鞠; 기를 국. 哀; 슬플 애. 劬; 수고로울 구. 勞; 일할 로. 深; 깊을 심. 恩; 은혜 은. 昊; 하늘 호. 罔; 없을 망. 極; 다할 극.

해석

아버지는 나를 낳으시고 어머니는 나를 기르시니, 슬프고 슬프도다! 부모님이시어! 나를 낳아 기르느라 애쓰셨도다. 그 깊은 은혜 갚고자 하면 저 높은 하늘과 같아 다함이 없도다.

풀이

나를 낳아주시고 길러 주신 부모님 은혜는 어디에도 견줄 만한 곳이 없을 정도로 무궁무진한 것이다. 즉, 견줄 만한 것이 없을 만큼 크고 넓다. 그러니 훌륭한 사람으로 성장하여 그 은혜에 보답해야 하며, 부모님께는 지극한 효도를 다하여 자식의 도리를 다하여야 할 것이다.

본문

詩에 曰 父兮生我하시고 母兮鞠我하시니 哀哀父母여 生我劬勞하셨다. 欲報深恩인대 昊天罔極이로다.

《시경》에 이르기를, 아버지께서 나를 낳으시고 어머니께서 나를 기르시니, 슬프고 슬프도다! 부모님이시어! 나를 낳아 기르시느라 애쓰셨도다. 그 깊은 은혜 갚고자 하면 저 높고 넓은 하늘과 같아 다함이 없음이로다.

명구 21

孝子之事親也 居則致其敬 養則致其樂
病則致其憂 喪則致其哀 祭則致其嚴

효자지사친야 거즉치기경 양즉치기락
병즉치기우 상즉치기애 제즉치기엄

한자 연습

事; 일 사. 섬길 사. 親; 친할 친, 어버이 친. 居; 있을 거, 집 거. 致; 이를 치, 힘 쓸 치. 敬; 공경할 경. 養; 기를 양. 病; 아플 병. 憂; 근심할 우. 喪; 죽을 상. 哀; 슬플 애. 祭; 제사 제. 嚴; 엄숙할 엄.

해석

자식이 어버이를 섬김에 있어서는, 기거하심에 공경을 다하고, 봉양함에 있어서는 즐거움을 다하며, 병이 나시면 진정으로 근심하고, 상례를 치를 때는 슬픔을 다하며, 제사를 모실 때는 엄숙함을 다할지니라.

풀이

이 명구는 자식이 어버이를 모시는 기본을 가르치는 것이다. 나를 낳으시고 나를 기르시고 나를 가르치신 어버이를 모심에 있어서는 최선을 다해야 한다. 그러나 위에서 가르치는 다섯 명구는 세심한 주의를 다하여 행하는 것이 자식 된 도리의 기본임을 명심하여야 한다.

본문

子曰, 孝子之事親也에 居則致其敬하고 養則致其樂하고 病則致其憂하고 喪則致其哀하며 祭則致其嚴이니라.

공자님께서 말씀하셨다. 자식이 어버이를 섬김에 있어서는 어버이가 기거하심에 공경을 다하고, 보양함에 있어서는 즐거움을 다하며, 병이 나시면 진정으로 근심하여 치료해 드리고, 돌아가셔서 상례를 치를 때는 슬픔을 다하며, 제사를 지낼 때는 엄숙한 마음을 다할 것이니라.

<table><tr><td>명구 22</td></tr></table>

父母在 不遠遊 遊必有方

부모재 불원유 유필유방

한자 연습　在. 있을 재. 遠; 멀 원. 遊; 놀 유. 必; 반드시 필. 方; 모 방. 방향 방.

해석　부모가 살아 계시면 집에서 멀리 떠나 나돌지 아니하며, 집을 떠날 때도 반드시 일정한 곳에 머물러야 하느니라.

풀이　부모님이 살아 계시면 나갈 때는 반드시 무슨 일로 어디를 갔다가 언제 돌아 온다고 말씀드리고, 일이 생겨서 좀 늦으면 돌아올 시간을 말씀 드려야 한다. 또한 집을 나가서 일을 보더라도 그 일이 계획된 대로 잘 마무리되었는지 안 되었으면 안 된 이유도 상세히 말씀드림으로써 부모님께 걱정을 끼쳐드리지 말아야 한다.

본문　子曰 父母在어시든 不遠遊하며 遊必有方이니라.

공자님께서 말씀하셨다. 부모님께서 살아 계시거든 집을 멀리 떠나, 나돌지 아니하며, 집을 떠나 외부에 있을 경우라도 반드시 말씀드린 곳에 머물러야 하느니라.

명구 23

父命召 唯而不諾 食在口則吐之

부명소 유이불락 식재구즉토지

한자 연습

命; 목숨 명, 명령 명. 召; 부를 소. 唯; 오직 유, 허락할 유. 諾; 대답할 낙. 吐; 토할 토.

해석

부모님께서 부르시면 머뭇거리지 말고 즉시 대답하며 음식이 입에 들었거든 뱉어내고 달려갈지니라.

풀이

부모님께서 불으시면, 즉시 대답해야 하며 하던 일도 멈추고 즉시 달려가야 한다. "저 지금 어떤 일 하느라고 바빠요"와 같은 머뭇거림이 없어야 한다. 하던 일은 부모님께 갔다 와서 해도 늦지 않다. 언제나 부모님의 명령이 우선임을 명심하여야 한다.

본문

子曰 父命召어시든 唯而不諾하고 食在口면 則吐之니라.

공자님께서 말씀하셨다. 부모님께서 부르시거든 머뭇거리지 말고 바로 대답할 것이며 음식이 입 안에 들었으면 바로 뱉어내고 달려갈지니라.

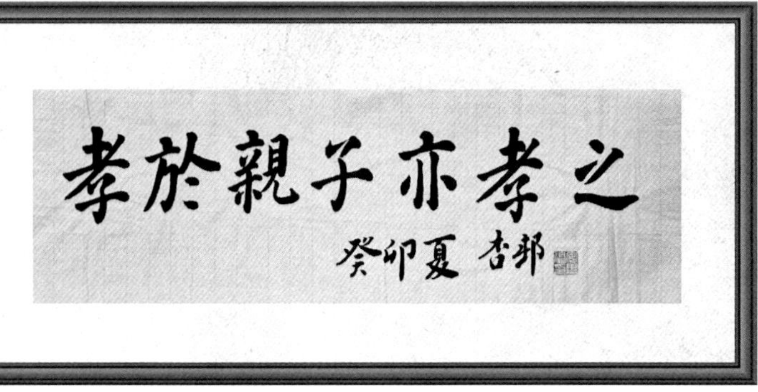

孝於親 子亦孝之

효어친 자역효지

한자 연습 孝; 효도 효. 親; 친할 친, 어버이 친. 亦; 또한 역.

해석 내가 어버이에게 효도하면 자식 또한 나에게 효도한다.

풀이 자식은 그 어버이를 보고 배운다. 자식인 내가 부모님께 지극히 효도를 하면 내 자식 또한 그 어버이를 본받아서 자기 어버이에게 효도한다. 내가 어버이에게 불효하고 어찌 자식이 내게 효도하기를 바라겠는가.

본문 太公曰, 孝於親이면 子亦孝之하나니 身旣不孝면 子何孝焉이리요.

태공이 말하였다. 내가 부모에게 효도하면 내 자식이 또한 내게 효도하나니, 내가 이미 어버이에게 불효했다면 자식이 어찌 나에게 효도하리오.

명구 25

孝順還生孝順子 忤逆還生忤逆子

효순환생효순자 오역환생오역자

한자 연습
還; 돌아올 환. 忤; 거스를 오. 逆; 거스를 역.

해석
부모님께 효도하고 순종한 사람은 효도하고 순종하는 자식을 낳을 것이요, 부모님께 거스르고 거역한 사람은 또한 거스르고 거역하는 자식을 낳느니라.

풀이
"씨 뿌린 대로 거둔다."라는 속담이 있다. 부모님께 효도하고 순종한 사람은 반드시 그런 자식을 낳을 것이다. 자기가 부모님께 불효하고 어찌 효성스러운 자식을 낳기를 바라겠는가?

본문
孝順은 還生孝順子요 忤逆은 還生忤逆子하나니 不信커든 但看簷頭水하라 點點滴滴不差移니라.

부모님께 효도하고 순종한 사람은 또한 효도하고 순종하는 자식을 낳을 것이요, 부모님께 거스르고 거역한 사람은 또한 거스르고 거역하는 자식을 낳느니라. 믿지 못하거든 처마 끝에서 떨어지는 낙수(落水)를 보라. 방울방울 떨어짐이 조금도 어긋남이 없느니라.

백두산 천지　　　백두산은 우리 민족의 정기를 잉태시킨 영산이다. 여진족을 정벌하고 26세의 젊은 나이에 병조판서까지 오른 남이 장군은 "17세에 무과에 합격하고, 백두산의 돌은 칼을 갈아 없어지게 하고, 두만강의 물은 말을 먹여 없앨 것이다. 남자가 태어나서 20살에 외적을 막고 나라를 평안하게 못 하면 후세에 누가 대장부라 이르겠는가?"라고 하였다. 소년 소녀들이여 큰 꿈을 가져라.

제2부

올바른 성품과 하늘의 이치
자기 분수에 만족하는 글
바르고 착한 마음가짐의 글
자신의 성품을 경계하는 글

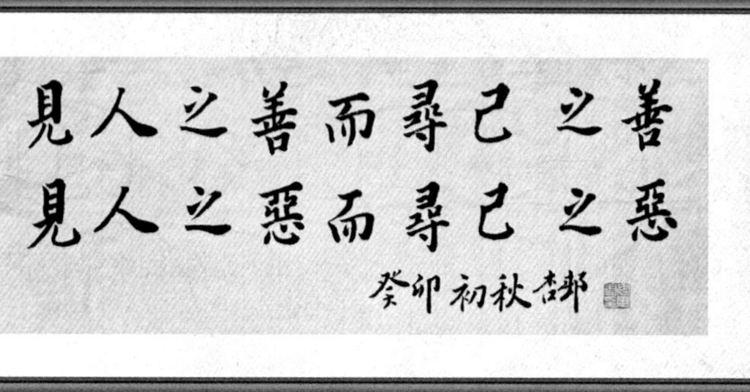

명구 26

見人之善 而尋己之善 見人之惡 而尋己之惡
견인지선 이심기지선 견인지악 이심기지악

한자 연습 見; 볼 견. 善; 착할 선. 尋; 찾을 심. 己; 자기 기. 惡; 악할 악.

해석 남의 착한 일을 보거든 나의 착한 일을 찾고 남의 악한 일을 보거든 나의 악한 일을 찾을 것이다.

풀이 남이 하는 일이나 행동이 착하다고 생각되면, 나 또한 저런 일을 할 수 있는지, 하고 있는지를 생각하고 실천해야 하며, 남이 악한 일을 하거든 나는 저런 일을 하지 않는지를 반성하고 멀리하고 그 근처에도 얼씬거리지 않아야 한다.

본문 性理書에 云 見人之善이어든 而尋己之善하고 見人之惡이어든 而尋己之惡이니 如此라야 方是有益이니라.

《성리서》에서 말하였다. 남의 선한 일을 보거든 나의 선한 일을 찾고, 남의 악한 일을 보거든 나의 악한 일을 찾을 것이니, 이와 같이 하여야 바야흐로 유익함이 있느니라.

명구 27

大丈夫 當容人 無爲人所容

대장부 당용인 무위인소용

한자 연습 丈; 어른 장. 夫; 지아비 부. 當; 마땅할 당. 容; 얼굴 용, 용납할 용.

해석 대장부는 마땅히 남을 용서할지언정 남에게 용서받는 일은 없어야 한다.

풀이 예수님께서도 "남을 사랑하라. 원수까지도 용서하고 사랑하라"라고 가르치셨고, 부처님께서도 자비를 제일의 덕목으로 교화하셨다. 그러니 대장부로 태어났다면 남의 잘못을 용서하고 포용하는 넓은 마음을 가져야 한다. 반면 남에게 용서받을 행동은 당연히 하지 말아야 할 것이다.

본문 景行錄에 云 大丈夫는 當容人이언정 無爲人所容이니라.

《경행록》에서 말하였다. 대장부는 마땅히 남을 용서할지언정 남에게 용서받는 일은 없어야 할지니라.

명구 28 勿以貴己而賤人 勿以自大而蔑小 勿以恃勇而輕敵

물이귀기이천인 물이자대이멸소 물이시용이경적

한자 연습 貴; 귀할 귀. 賤; 천할 천. 蔑; 업신여길 멸. 恃; 믿을 시. 勇; 날쌜 용. 輕; 가벼울 경. 敵; 원수 적.

해석 자신을 귀하게 여기고 남을 천하게 여기지 말며, 자신을 크게 여기고, 남을 작게 업신여기지 말며, 나의 용맹을 믿고 적을 가벼이 여기지 말지니라.

풀이 "대접받고 싶은 만큼 대접하라."라는 명언이 있다. 인간 생활의 황금 비율이라고도 말한다. 인간 생활에 있어서는 언제나 남을 존중하는 마음이 앞서야 하는 것이다. 고금의 최고 병서인 손자병법에서는 "남을 알고 나를 알면 백번 싸워도 위태롭지 않다"라는 만고불변의 진리가 있다. 그러니 언제나 남을 귀하게 여겨 상대방의 인격을 존중하는 실천적 삶이 중요하다.

본문 太公이 曰, 勿以貴己而賤人하고 勿以自大而蔑小하고 勿以恃勇而輕敵이니라.

태공이 말하였다. 자신을 귀하게 여기고 남을 천하게 여기지 말며, 자신을 크게 여기고 남을 작게 업신여기지 말며, 나의 용맹을 믿고 적을 가벼이 여기지 말지니라.

聞人之過失 如聞父母之名 耳可得聞 口不可言也

| 명구 29 | 聞人之過失 如聞父母之名 耳可得聞 口不可言也 |

문인지과실 여문부모지명 이가득문 구불가언야

한자 연습 過; 허물 과, 지날 과. 失; 잃을 실. 得; 얻을 득. 聞; 들을 문.

해석 남의 허물을 듣거든 부모님의 이름을 들은 것처럼 하여 귀로는 들을지언정 입으로는 말하지 말지니라.

풀이 어쩌다 다른 사람의 허물을 들을지라도 결코 제삼자에게 그 사람의 허물을 말하지 않는 것이 군자의 도리다. 어느 정도 조심해야 할 것인가. 다른 사람의 허물을 듣는 순간 귀로는 들을지언정 입 밖으로 발설해서는 안 되는 것이다. 마치 자기 부모님을 거명하지 않는 것처럼…

본문 馬援이 曰, 聞人之過失이어든 如聞父母之名하여 耳可得聞이언정 口不可言也니라.

마원이라는 사람이 말했다. 남의 과실을 듣거든 부모님의 이름을 들은 것처럼 하여 귀로는 들을지언정 입으로는 말하지 말지니라.

명구 30

聞人之謗 未嘗怒 聞人之譽 未嘗喜 聞人之惡
未嘗和 聞人之善 則就而和之 又從而喜之

문인지방 미상노 문인지예 미상희 문인지악
미상화 문인지선 즉취이화지 우종이희지

한자연습
謗; 비방할 방. 嘗; 일찍 상. 怒; 성낼 노. 譽; 기릴 예. 喜; 기쁠 희. 和; 화할 화.
就; 나아갈 취. 又; 또 우. 從; 좇을 종.

해석
다른 사람으로부터 비웃음을 받더라도 성내지 말며, 다른 사람으로부터 칭찬을 듣더라도 기뻐하지 말며, 다른 사람의 악행을 듣더라도 이에 동조하지 말며, 다른 사람의 선행을 듣거든 나아가 어울리고 함께 기뻐할지니라.

풀이
자기의 몸과 마음을 다스리는 기본을 말한 것이다. 시경(詩經)에서는 이렇게 말하였다. 착한 사람 보기를 즐거워하고, 선한 일을 듣기를 즐거워하며, 선한 말 하기를 즐거워하고, 선한 뜻을 행하기를 즐거워하라. 다른 사람의 허물을 듣거든 가시를 등에 진 것처럼 여기고, 다른 사람의 선함을 듣거든 난초와 혜초를 몸에 지닌 것처럼 여겨라.

본문
康節召先生이 曰, 聞人之謗이라도 未嘗怒하며, 聞人之譽라도 未嘗喜하며, 聞人之惡이라도 未嘗和하며, 聞人之善이면 則就而和之하고 又從而喜之니라. 其詩曰 樂見善人하고 樂聞善事하며 樂道善言하고 樂行善意하라. 聞人之惡이어든 如負芒刺하고 聞人之善이어든 如佩蘭蕙니라.

58

강절 소 선생이 말하였다. 다른 사람으로부터 비웃음을 받더라도 성내지 말며, 다른 사람으로부터 칭찬을 듣더라도 기뻐하지 말며, 다른 사람의 악행을 듣더라도 이에 동조하지 말며, 다른 사람의 선행을 듣거든 나아가 어울리고 함께 기뻐할지니라. 시(詩)에서는 이렇게 말하였다. 선한 사람 보기를 즐거워하고, 선한 일을 듣기를 즐거워하며, 선한 말 하기를 즐거워하고, 선한 뜻을 행하기를 즐거워하라. 다른 사람의 허물을 듣거든 가시를 등에 진 것처럼 여기고, 다른 사람의 선함을 듣거든 난초와 혜초를 몸에 지닌 것처럼 여겨라.

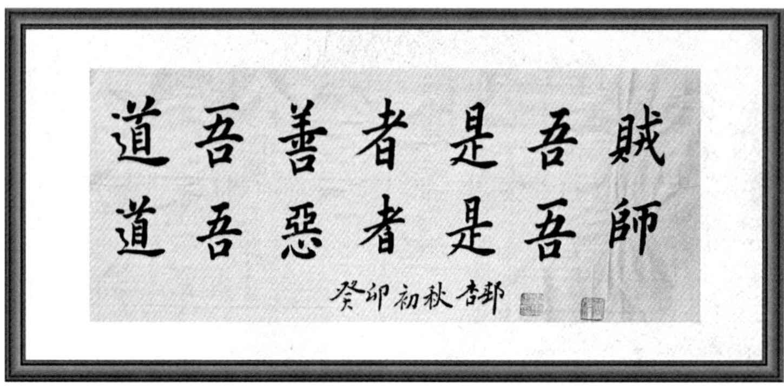

명구 31

道吾善者 是吾賊 道吾惡者 是吾師

도오선자 시오적 도오악자 시오사

한자 연습 道; 길 도, 말할 도. 吾; 나 오. 賊; 도둑 적, 해칠 적. 師; 스승 사.

해석 나의 선한 것을 말해주는 사람은 내게 해로운 사람이요, 나의 잘못하는 것을 지적해 주는 사람은 나의 스승이니라.

풀이 나를 칭찬만 해주고 또 선하다고 칭찬만 해주는 사람은 때로는 나에게 악한 습성을 길러 줄 수 있으니 해로운 사람이 될 수 있다. 그러나 반대로 나의 잘못을 예리하게 지적해 주고 고치도록 도움을 주는 사람은 나의 진정한 스승이 될 수 있는 것이다.

본문 道吾善者는 是吾賊이요 道吾惡者는 是吾師니라.

나의 선한 것을 말해주는 사람은 곧 나에게 해로운 사람이요 나의 잘못을 말해주는 사람은 나의 스승이니라.

명구 32

勤爲無價之寶 愼是護身之符

근위무가지보 신시호신지부

한자 연습
勤; 부지런할 근. 價; 값 가. 愼; 삼갈 신. 護; 보호할 호. 符; 부신 부, 부적 부.

해석
부지런함은 값으로 헤아릴 수 없는 보배가 되고, 조심함은 몸을 보호하는 부적이 되느니라.

풀이
부지런한 사람은 천하에 어려운 일이 없다는 고사도 있다. 어려서 남보다 더 부지런히 공부하는 사람은 성공의 지름길을 여는 것이다. 서로 비슷한 머리를 가지고 태어난 친구가 있다고 하자. 한 친구는 하루에 열 시간을 열심히 공부하고 한 친구는 하루 다섯 시간을 공부한다면 누가 공부를 더 잘하겠는가? 또한 작은 부자는 부지런함이 내고, 큰 부자는 하늘이 낸다는 고사도 있다. 그러니 부지런함은 값을 매길 수 없는 보배다. 더욱이 부지런함은 누구의 도움으로 되는 것이 아니다. 자기 스스로 하는 것임을 명심해야 한다. 또한 매사에 조심해야 한다. 더욱이 요즘은 복잡한 세상이다. 주위에 위험한 것들이 너무 많다. 걷거나 타거나 교통법규를 엄격히 지켜야 하고 등산하거나 물놀이하더라도 안전 수칙을 세심하게 지켜야 한다.

본문
太公이 曰, 勤爲無價之寶요 愼是護身之符니라.

태공이 말했다. 부지런함은 값이 없는 보배가 되고, 조심함은 몸을 보호하는 부적이니라.

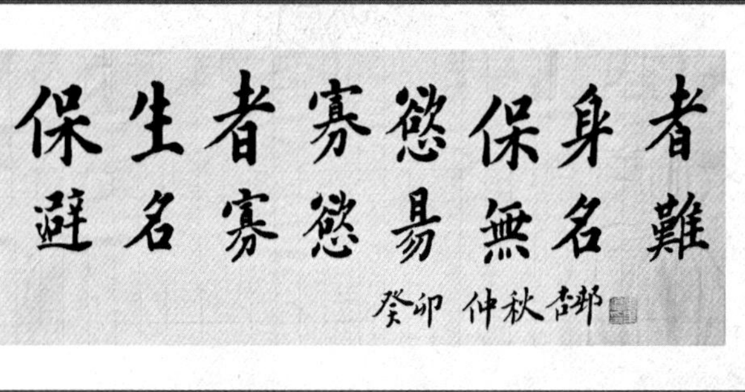

명구 33

保生者寡慾 保身者避名 寡慾易 無名難

보생자과욕 보신자피명 과욕이 무명난

한자 연습 保; 지킬 보. 寡; 적을 과. 避; 피할 피. 易; 쉬울 이. 難; 어려울 난.

해석 삶을 보전하려는 사람은 욕심을 적게 하고, 몸을 보전하려는 사람은 명예를 피해야 하니, 욕심을 적게 하기는 쉬우나 명예를 없게 하기는 어려우니라.

풀이 지나친 욕심은 언제나 건강을 해칠 수 있고 정신을 피폐하게 할 수 있으니 자기의 분수와 건강 상태를 생각해야 한다. 또한 자신의 수준은 생각지 않고 명예만을 쫓는 것은 오히려 자기 자신을 피폐하게 하고 나락으로 떨어뜨릴 수 있다. 그러니 욕심을 적게 하기는 쉬우나, 지나친 명예를 탐내지 않기는 심히 어려운 것이니 이 점 유의하기를 바란다.

본문 景行錄에 曰, 保生者는 寡慾하고 保身者는 避名이니 寡慾은 易나 無名은 難이니라.

《경행록》에서 말하였다. 삶을 보전하려는 사람은 욕심을 적게 하고, 몸을 보전하려는 사람은 명예를 피해야 하니, 욕심을 적게 하기는 쉬우나 명예를 없게 하기는 어려우니라.

명구 34

少之時 血氣未定 戒之在色 及其壯也 血氣方剛
戒之在鬪 及其老也 血氣旣衰 戒之在得

소지시 혈기미정 계지재색 급기장야 혈기방강
계지재투 급기노야 혈기기쇠 계지재득

한자연습

血; 피 혈. 定; 정할 정. 戒; 경계할 계. 色; 빛 색, 예쁨 색. 及; 미칠 급. 壯; 씩씩할 장. 장성할 장. 剛; 굳셀 강. 鬪; 싸움 투. 旣; 이미 기. 衰; 쇠할 쇠.

해석

어릴 때는 혈기가 아직 성숙하지 않음으로 여색을 경계해야 하며, 장성하면 혈기가 강성하니 다툼을 경계하고, 늙음에 이르러서는 혈기가 이미 쇠한지라 탐하여 얻으려는 것을 경계해야 한다.

풀이

인생의 일생을 크게 세 등분하면, 청년기와 장년기 그리고 노년기로 나눌 수 있다. 각각의 시기에 특별히 조심해야 할 것이 있다. 청년기에는 특별히 여색을 조심해야 한다. 이는 이성을 사귀지 말라는 이야기가 아니다. 상대방을 판단할 능력이 부족하니 반드시 부모님과 사전에 상의하는 것이 우선이다. 그리고 힘이 넘쳐나는 장년기에는 남과 다투는 일을 경계해야 한다. 사소한 일에 다툼이 지나치면 몸이 상할 수도 있고 법률적으로 제재를 받을 수도 있어서 일생을 망칠 수가 있다. 또한 사람이 늙으면 재물을 탐내는 데 조심해야 한다. 잘못된 판단으로 재물을 잃으면 회복이 불가능하고 죽을 때까지 가난을 면치 못할 수 있기 때문이다.

子曰, 君子有三戒하니 少之時엔 血氣未定이라 戒之在色하고 及其壯也하여는 血氣方剛이라 戒之在鬪하고 及其老也하여는 血氣旣衰라 戒之在得이니라.

공자님께서 말씀하셨다. 군자가 세 가지 경계할 것이 있으니, 어릴 때는 혈기가 아직 성숙하지 않은 때라 여색을 경계하고, 장성함에 이르러서는 혈기가 강성하니 다툼을 경계하고, 늙음에 이르러서는 혈기가 이미 쇠잔한지라 탐하여 얻으려는 것을 경계해야 하느니라.

前 한자 서예 작품 이미지 생략

명구 35

怒甚偏傷氣 思多太損神 神疲心易役 氣弱病相因
勿使悲歡極 當令飲食均 再三防夜醉 第一戒晨嗔

노심편상기 사다태손신 신피심이역 기약병상인
물사비환극 당영음식균 재삼방야취 제일계신진

한자 연습

怒; 성낼 노. 偏; 치우칠 편. 傷; 상처 상. 損; 덜 손. 疲; 지칠 피. 役; 부릴 역. 因;
원인 인. 悲; 슬플 비. 歡; 기뻐할 환. 極; 다할 극. 當; 마땅할 당. 令; 영 영. 명
령 영. 均; 고를 균. 醉; 취할 취. 戒; 경계할 계. 晨; 새벽 신. 嗔; 성낼 진.

해석

성냄이 심하면 기운을 상하게 하고, 생각이 많으면 정신을 상하게 한다. 정신이 피로하면 마음
이 쉽게 지치고, 기운이 약하면 병이 뒤따라 생긴다. 슬퍼하고 기뻐함을 지나치지 말고, 음식
은 마땅히 고르고 일정하게 먹어라. 밤에 술에 취하는 일을 거듭 삼가고, 새벽에 성내는 일을
가장 삼가라.

풀이

무엇이든 지나치면 반드시 자기에게 해가 돌아온다는 교훈이다. 생각
해 보라. 지나치게 성내는 일은 자기 기운만 상하게 하는 것이요 어떠
한 생각에 골몰하면 다른 생각을 할 여유를 잃게 된다. 정신이 피로하
면 마음이 지치고 기운이 약하면 각종 질병에 노출되기 쉽다. 슬퍼함이
나 기뻐함도 지나치지 말고 음식은 마땅히 골고루 적당히 먹어야 한다.
술은 적당히 마실수록 좋고 지나치면 실수를 하고 몸을 상하게 한다. 성
내는 일은 조심해야 할 일이지만 특히 새벽에 성내는 일을 삼가야 한다.

孫眞人養生銘에 云, 怒甚偏傷氣요 思多太損神이라. 神疲心易役이요 氣弱病相因이라. 勿使悲歡極하고 當令飲食均하라. 再三防夜醉하고 第一戒晨嗔하라.

손진인이 《양생명》에서 말하였다. 성냄이 심하면 기운을 상하게 하고, 생각이 많으면 정신을 상하게 한다. 정신이 피로하면 마음이 쉽게 지치고, 기운이 약하면 병이 따라서 생긴다. 슬퍼하고 기뻐함을 지나치게 하지 말고, 마땅히 음식은 고르고 일정하게 먹어라. 밤에 술에 취하는 일을 거듭 삼가고, 새벽에 성내는 일을 가장 경계하라.

명구 36

食淡精神爽 心淸夢寐安

식담정신상 심청몽매안

한자 연습

淡; 묽을 담, 담박할 담. 精; 정할 정, 정신 정. 爽; 시원할 상. 夢; 꿈 몽. 寐; 잠 잘 매.

해석

음식이 담박하면 정신이 상쾌하고, 마음이 맑으면 꿈과 잠자리가 편안하다.

풀이

사람이 일생을 살아가면서 건강과 맑은 정신을 유지하려면 무엇보다 섭생이 중요하다. 따라서 음식은 담박한 음식을 골고루 섭취해야 한다. 또한 마음이 맑고 편안하면 잠자리가 편안함은 물론 모든 추진력이 힘을 얻는다. 이를 명심하고 음식은 항상 담박하게 먹고, 정신은 맑게 유지해야 한다.

본문

景行錄에 曰, 食淡精神爽이요 心淸夢寐安이니라.

《경행록》에서 말하였다. 음식이 담박하면 정신이 상쾌하고 마음이 맑으면 꿈과 잠자리가 편안하니라.

<table>
<tr><td>명구 37</td><td>定心應物 雖不讀書 可以爲有德君子
정심응물 수불독서 가이위유덕군자</td></tr>
</table>

한자 연습

定; 정할 정. 應; 응할 응. 物; 만물 물. 雖; 비록 수. 讀; 읽을 독. 書; 글 서. 德; 덕 덕.

해석

마음을 안정하고 사물에 대응한다면, 비록 글을 읽지 않았더라도 덕을 가진 군자라 할 수 있느니라.

풀이

군자가 되기 위해서 독서는 필수 조건이다. 그러나 그냥 책을 읽는다고 군자가 되는 것은 아니다. 독서의 방법으로 퇴계 선생은 숙독(뜻을 생각하며 자세히 읽는 것)을 강조하셨고, 조용히 앉아 마음을 편안히 갖고 맑은 정신으로 정독해야 한다고 강조했다. 따라서 독서와 정심을 분리해서 생각할 수 없고 독서 이전에 정심이 우선임을 알 수 있다. 즉 마음을 편하게 유지하면서 공부해야 함을 강조한 글이다.

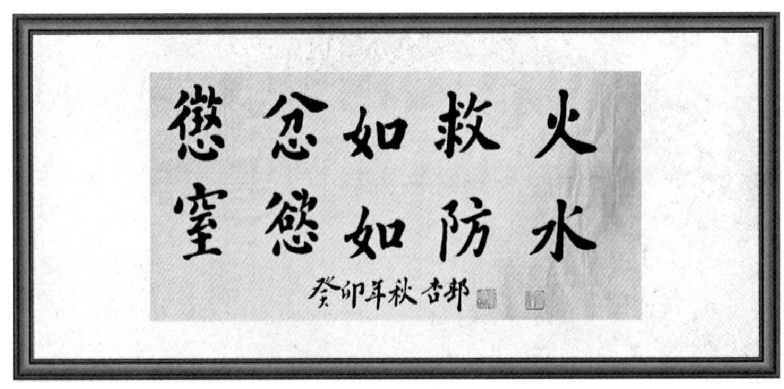

명구 38

懲忿如救火 窒慾如防水

징분여구화 질욕여방수

한자 연습 懲; 혼날 징, 징계할 징. 忿; 성낼 분. 救; 건질 구, 구원할 구. 窒; 막을 질. 防; 둑 방.

해석 분한 마음 누르기를 불 끄듯이 하고, 욕심을 누르기를 새는 둑을 막듯이 하라.

풀이 보통 사람은 분을 참지 못하고 폭발함으로써 자기 스스로 많은 피해를 보게 된다. 그러니 화 나는 일이 있더라도 삼 초만이라도 참고 생각하라는 말도 있듯이 냉정하게 생각하고 대처해야 한다. 그렇지 못하고 폭발하면 그 피해는 반드시 자기에게 돌아온다. 또한 지나친 욕심은 금물이다. 그러니 분수에 넘치는 욕심이 발동할 경우에는 새는 둑을 막듯이 즉시 막아야 한다.

본문 近思錄에 云, 懲忿을 如救火하고, 窒慾을 如防水하라.

《근사록》에서 말하였다. 분한 마음 누르기를 불 끄듯이 하고, 욕심을 누르기를 새는 물을 막듯이 하라.

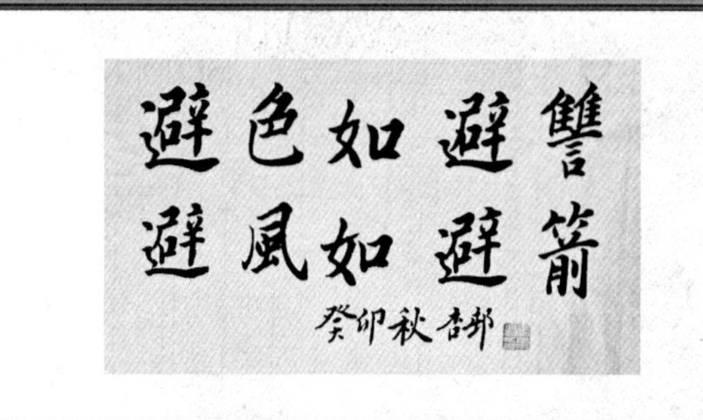

避色如避讐 避風如避箭

피색여피수 피풍여피전

한자 연습 避; 피할 피. 色; 빛 색. 여색 색. 讐; 원수 수. 箭; 화살 전.

해석 여색을 피하기를 원수를 피하는 것과 같이 하고, 바람기 피하기를 화살을 피하는 것과 같이 하라.

풀이 남녀는 성장하면 좋은 배필을 만나서 사랑도 하고 결혼해야 한다. 그래야만 소중한 자녀도 출생하여 대를 잇는다. 그러나 자기의 남편이나 아내를 외면하고 다른 이성과 사랑에 빠지는 것은 가정을 파탄하는 지름길이다. 따라서 아무리 예쁘거나 잘생긴 이성에 눈을 주는 것은 어떠한 경우라도 피해야 한다. 어려운 일이지만 명심해야 할 것이다.

본문 夷堅志에 云, 避色을 如避讐하고 避風을 如避箭하며 莫喫空心茶하고 少食中夜飯하라.

《이견지》에서 말하였다. 여색 피하기를 원수를 피하는 것과 같이 하고, 바람기 피하기를 화살을 피하는 것과 같이 하며, 빈속에 차를 마시지 말고, 밤중에 밥을 적게 먹어라.

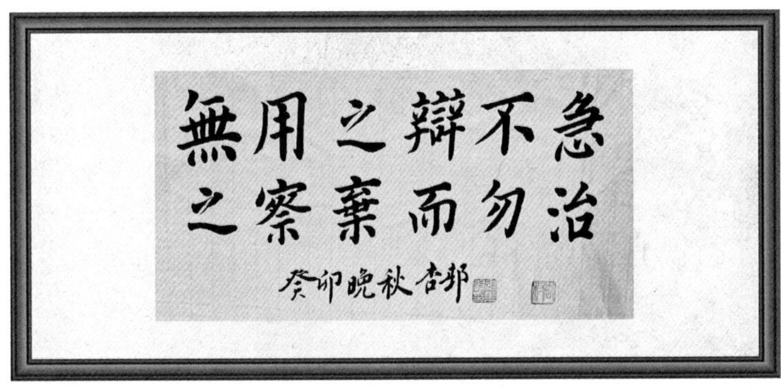

명구 40

無用之辯 不急之察 棄而勿治

무용지변 불급지찰 기이물치

한자연습 用; 쓸 용. 辯; 말 잘할 변. 急; 급할 급, 察; 살필 찰. 棄; 버릴 기. 治; 다스릴 치.

해석 쓸데없는 말과 급하지 않은 일은 버려두고 다스리지 말라.

풀이 우리는 일상을 생활하는데 할 일이 많다. 그런데 쓸데없는 말과 급하지도 않은 일에 신경을 쓰는 사람이 많다. 우리는 주어진 시간을 쪼개서라도 꼭 필요한 일, 즉 공부나, 운동이나, 예술 활동, 연구, 사업 등에 매진해야 한다. 쓸데없는 말이나 행동과 급하지 않은 일에 매달릴 시간이 어디 있는가?

본문 荀子曰, 無用之辯과 不急之察을 棄而勿治하라.

순자가 말하였다. 쓸데없는 말과 급하지 않은 일은 버려두고 다스리지 말라.

명구 41

衆好之必察焉 衆惡之必察焉
중호지필찰언 중오지필찰언

한자 연습 衆; 무리 중. 好; 좋을 호. 察; 살필 찰. 惡; 악할 악, 미워할 오.

해석 모든 사람이 좋아하더라도 반드시 살펴보아야 하고, 모든 사람이 미워하더라도 반드시 살펴보아야 하느니라.

풀이 이 명구에는 많은 것을 함축하고 있다. 대중의 좋아하고 미워함에 휘둘리지 말고, 언제나 자기 경험과 사실 확인을 통해 사물을 판단하는 독립적 사고를 길러야 한다. 즉 비판적인 사고가 늘 중요하며, 균형 잡힌 관점을 유지하는 것이 중요하다.

본문 子曰, 衆이 好之라도 必察焉하고 衆이 惡之라도 必察焉이니라.

공자께서 말씀하셨다. 대중이 좋아하더라도 반드시 살펴보아야 하고, 모든 사람이 미워하더라도 반드시 살펴보아야 하느니라.

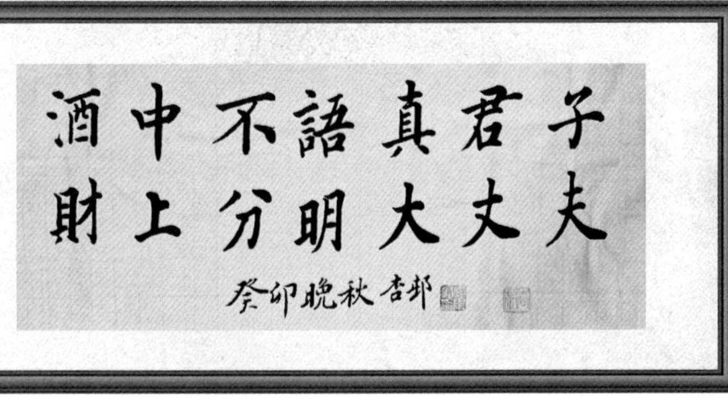

명구 42　酒中不語眞君子 財上分明大丈夫

주중불어진군자 재상분명대장부

한자 연습　酒; 술 주. 眞; 참 진. 財; 재물 재. 分; 나눌 분. 丈; 어른 장. 夫; 지아비 부.

해석　술에 취한 가운데도 말이 없는 것은 참다운 군자요, 재물에 대하여 계산이 분명한 것은 대장부이니라.

풀이　많은 사람은 술에 취하면 말이 많다. 말이 많으면 실수하게 마련이다. 그 실수의 유형은 실로 다양하다. 자기 생전에 입 밖에 발설하지 말아야 할 사안이 튀어나올 수도 있고, 쓸데없이 남을 헐뜯어서 상대방에게 상처를 입힐 수도 있다. 또한 재물에 대해서는 언제나 계산이 분명해야 하고 출처가 명확해야 하는 것이다.

명구 43

欲量他人先須自量 傷人之語 還是自傷

욕량타인선수자량 상인지어 환시자상

한자 연습 量; 헤아릴 량. 須; 모름지기 수. 傷; 상처낼 상. 還; 돌아올 환.

해석 다른 사람을 헤아려보려거든 먼저 자신을 헤아려보고, 다른 사람을 해치는 말은 오히려 스스로를 해치는 것이다.

풀이 나 스스로 자신을 객관적으로 평가할 수가 있는가? 내가 나도 평가할 수 없는데 어떻게 남을 함부로 평가할 수 있겠는가? 그러므로 남을 평가하는 경우가 있더라도 신중해야 한다. 촌철살인이라는 경구가 있다. 아주 작은 바늘로도 남을 해칠 수가 있다는 말이다. 내가 함부로 평가한 그 남이 나로 하여금 큰 피해를 볼 수도 있으니 극히 조심해야 한다. 이 경구에 이어 나오는 명구를 보면 더욱 자명해진다. '남을 해치는 말은 도리어 나를 해치는 말이 된다.'

본문 太公이 曰, 欲量他人이어든 先須自量하라 傷人之語는 還是自傷이니 含血噴人이면 先汚其口니라.

태공이 말하였다. 다른 사람을 헤아려보려거든 먼저 자신을 헤아려보라. 다른 사람을 해치는 말은 오히려 스스로를 해치는 것이니, 피를 머금어 다른 사람에 뿜으면 먼저 자기 입이 더러워지느니라.

74

명구 44

凡戲無益 惟勤有功

범희무익 유근유공

**한자
연습** 凡; 무릇 범. 戲; 놀 희. 희롱 희. 惟; 오직 유. 勤; 부지런할 근. 功; 공 공. 보람 공.

해석 모든 놀이는 이로운 것이 없고, 오직 부지런함만이 보람이 있느니라.

풀이 노는 것은 즐겁다. 많은 놀이는 나에게 이로울 것이 별로 없다. 아까운 시간만 낭비할 수 있고, 어떠한 놀이는 건강도 해칠 수 있다. 그러니, 특히 성장하는 시기에는 놀이에 시간을 빼앗기지 말고 공부에 열중하는 것이 밝은 장래를 보장할 수 있다.

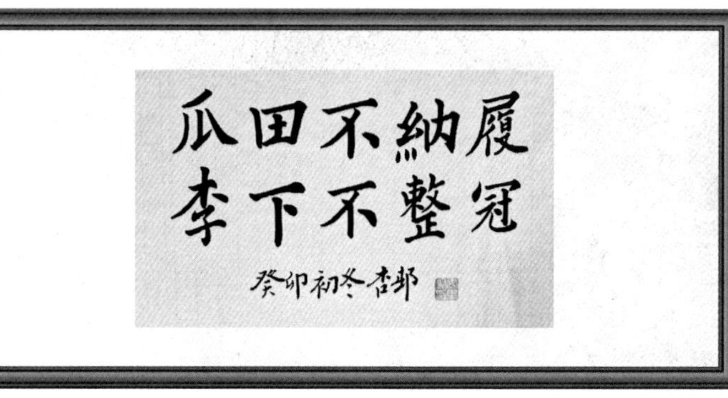

瓜田不納履 李下不整冠

과전불납리 이하부정관

 瓜; 오이 과. 納; 바칠 납. 履; 신발 리. 李; 자두나무 이. 整; 가지런할 정. 冠; 갓 관.

 다른 사람의 오이 밭을 지날 때는 신발을 고쳐 신지 말고, 다른 사람의 오얏나무 아래서는 모자를 고쳐 쓰지 말라.

 다른 집의 오이 밭을 지나면서 몸을 구부리고 신발을 고쳐 신으면 남이 보기에 오이를 따는 것으로 오해를 받을 수 있고, 다른 집의 과일밭을 지나면서 손을 들어 모자를 고쳐 쓰면 과일을 따는 것으로 오해할 수 있다. 우리가 일상생활을 하면서 남이 의심할 일은 절대로 삼가야 한다. 남의 오이 밭과 오얏나무 밑을 예로 들어 이를 경고한 것이다.

 太公이 曰, 瓜田에 不納履하고 李下에 不整冠이니라.

태공이 말했다. 다른 사람의 오이 밭을 지날 때는 신발을 고쳐 신지 말고, 다른 사람의 오얏나무 아래서는 모자(갓)를 고쳐 쓰지 말라.

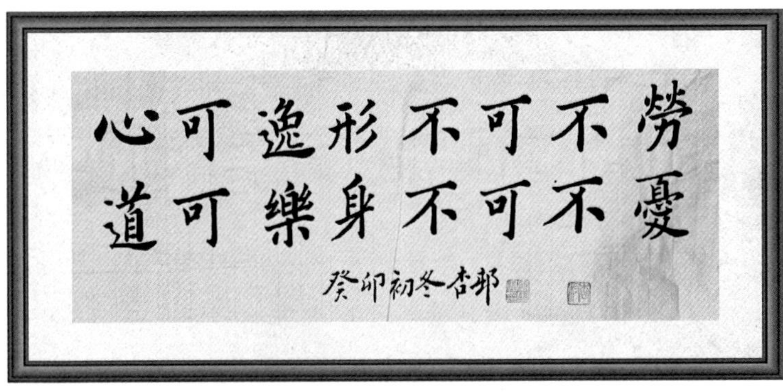

명구 46

心可逸形不可不勞 道可樂身不可不憂

심가일형불가불로 도가락신불가불우

한자 연습

逸; 달아날 일. 편안할 일. 形; 모양 형. 몸 형. 勞; 일할 로. 힘쓸 로. 憂; 근심할 우.

해석

마음은 편안해야 되지만 몸은 일을 하지 않을 수 없고, 도는 즐겨야 하지만 몸은 근심하지 않을 수 없나니.

풀이

마음은 편안해야 되지만 몸이 편안하면 게으름에 빠지게 된다. 그러니 자기가 목표한 바를 향하여 열심히 노력해야 한다. 도는 즐겨야 하지만 즐거움을 탐닉하다 보면 자칫 주색잡기에 빠져 헤어나지 못할 수도 있다.

본문

景行錄에 曰, 心可逸이언정 形不可不勞요 道可樂이언정 身不可不憂니 形不勞則怠惰易弊하고 身不憂則荒淫不定이라 故로 逸生於勞而常休하고 樂生於憂而無厭하나니 逸樂者는 憂勞를 豈可忘乎아

《경행록》에서 말하였다. 마음은 편안해야 되지만 몸은 일을 하지 않을 수 없고, 도는 즐겨야 하지만 몸은 근심하지 않을 수 없으니, 육신이 노력하지 않으면 게을러져서 허물어지기 쉽고, 몸이 근심하지 않으면 주색에 빠져 안정되지 못한다. 그러므로 편안함은 수고로움에서 생겨 늘 기쁘고, 즐거움은 근심하는 것에서 생겨 싫음이 없나니, 편안하고 즐거운 자는 근심과 수고로움을 어찌 잊을 수 있겠는가?

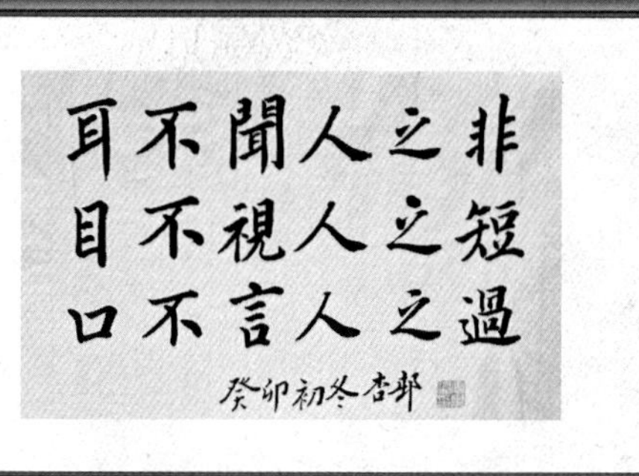

명구 47 耳不聞人之非 目不視人之短 口不言人之過

이불문인지비 목불시인지단 구불언인지과

한자 연습 聞; 들을 문. 非; 아닐 비. 視; 볼 시. 短; 짧을 단. 過; 지날 과. 허물 과.

해석 귀로는 다른 사람의 잘못을 듣지 아니하고, 눈으로는 다른 사람의 단점을 보지 아니하며, 입으로는 다른 사람의 허물을 말하지 않아야 한다.

풀이 세상에 장점만 있고 단점이 없는 사람은 없다. 그런 사람이 있다면, 아마도 예수 그리스도나 석가모니 공자님 정도가 아닐까? 그러나 우리는 다른 사람의 단점을 듣거나 보더라도 그것을 이해하고 덮을 수 있는 아량을 길러야 하고, 다른 사람이 허물이 있더라도 그것을 내 입으로 말하지 않는 아량을 길러야 한다.

본문 耳不聞人之非하고 目不視人之短하며 口不言人之過라야 庶幾君子니라.

귀로는 다른 사람의 잘못을 듣지 아니하고, 눈으로는 다른 사람의 단점을 보지 아니하며, 입으로는 다른 사람의 허물을 말하지 않아야 군자의 반열에 오를 수 있다.

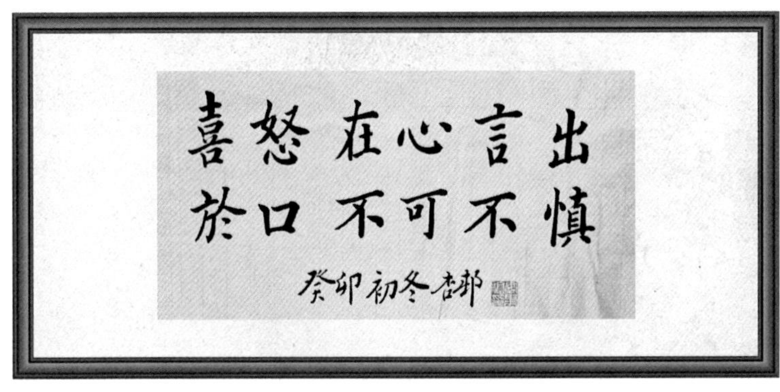

명구 48

喜怒在心 言出於口 不可不愼

희로재심 언출어구 불가불신

한자 연습 喜; 기쁠 희. 怒; 성낼 노. 愼; 삼갈 신.

해석 기쁨과 노여움은 마음속에 있고, 그것을 입 밖으로 내는 것이 말이니 삼가지 않으면 안 되느니라.

풀이 기쁨과 노여움은 언제나 마음속에 있다. 사람의 마음속에는 항상 기쁨만 있을 수 없으며, 주위에서 일어나는 많은 일로 인하여 또는, 나 자신의 행동이나 생각으로 인하여 노여움이 일어날 수 있다. 그러나 그것을 표현하는 것은 얼굴빛이나 말이다. 그러니 희로애락을 표현하는 것은 항상 조심해야 한다.

본문 蔡伯喈曰, 喜怒는 在心하고 言出於口하니 不可不愼이니라.

채백개가 말했다. 기쁨과 노여움은 마음속에 있고, 그것을 입 밖으로 내뱉는 것이 말이니 삼가지 않으면 안 되느니라.

朽木不可雕也 糞土之墙不可圬也
癸卯初冬 杏邨

| 명구 49 | 朽木不可雕也 糞土之墻不可圬也 |

후목불가조야 분토지장불가오야

| 한자 연습 | 朽; 썩을 후. 雕; 새길 조. 糞; 똥 분. 썩을 분. 墻; 담 장. 圬; 흙손 오. |

| 해석 | 썩은 나무에는 조각할 수 없고 썩은 흙으로 쌓은 담은 흙손질을 할 수 없다. |

| 풀이 | 이 명문은 제자가 낮잠을 자는 것을 보시고, 공자님께서 심히 꾸지람하신 말씀이다. 공부를 열심히 해야 할 시간에 낮잠을 자는 제자에게, 썩은 나무와 썩은 흙을 예로 들어 '너는 아무 데도 쓸데없는 인간이 될 수 있다.'라고 심히 꾸짖은 것이다. |

| 본문 | 宰予晝寢이어늘 子曰, 朽木은 不可雕也요 糞土之墻은 不可圬也니라. |

재여가 낮잠을 자는 것을 보고, 공자님께서 말씀하셨다. "썩은 나무에는 조각할 수 없고, 썩은 흙으로 쌓은 담은 흙손질을 할 수 없느니라."

명구 50 福生於淸儉 德生於卑退 道生於安靜 命生於和暢

복생어청검 덕생어비퇴 도생어안정 명생어화창

한자 연습 淸; 맑을 청. 儉; 검소할 검. 卑; 낮을 비. 退; 물러날 퇴. 靜; 고요할 정. 和; 화할 화. 暢; 펼 창.

해석 복은 청렴하고 검소한 데서 생기고, 덕은 자신을 낮춰 겸손한 데서 생기고, 도는 편안하고 고요한 데서 생기고, 생명은 화창한 데서 생기느니라.

풀이 돈이 많고 권세가 있다고 복이 있는 것이 아니다. 진정한 복은 청렴하고 검소한 데서 생기는 것이다. 항상 자신을 낮추고 겸손해야 덕이 따르는 것이고, 마음이 편안하고 고요한 가운데 도가 싹틀 수 있고, 건강한 삶은 화창한 데서 유지된다는 명구다. 그러니 사람은 언제나 청렴하고 검소하고 편안하고 고요하며 밝은 마음을 유지해야 한다.

본문 紫虛元君 誠諭心文에 曰, 福生於淸儉하고 德生於卑退하고 道生於安靜하고 命生於和暢이니라. 憂生於多慾하고 禍生於多貪하고 過生於輕慢하고 罪生於不仁이니라.(이하, 생략함).

자허원군이 「성유심문」에서 말하였다. 복은 청렴하고 검소한 데서 생기고, 덕은 자신을 낮춰 겸손한 데서 생기고, 도는 편안하고 고요한 데서 생기고, 생명은 화창한 데서 생기느니라.
근심은 욕심이 많은 데서 생기고, 재앙은 탐욕이 많은 데서 생기고, 과실은 가볍고 교활한 데서 생기고, 죄악은 어질지 못한 데서 생기느니라.

명구 51

知足可樂 務貪則憂

지족가락 무탐즉우

한자 연습 足; 발 족, 족할 족. 務; 힘쓸 무. 貪; 탐할 탐. 憂; 근심할 우.

해석 만족함을 알면 가히 즐거울 수 있으나, 탐욕에 힘쓰면 근심 걱정이 생기느니라.

풀이 사람은 일생을 살아가면서 자기가 하고자 한 것에 최선을 다해야 한다. 그 최선이 자기 역량을 넘어서는 것은 삼가야 한다. 자기 역량에 맞게 최선을 다해서 얻어지는 결과에 만족함을 알면 즐거움은 배가되고 더욱 최선을 다하게 되는 것이다. 또한 분수에 넘치는 탐욕을 하게 되면 근심 걱정이 뒤따르게 되는 것이다.

본문 景行錄에 云, 知足可樂이나 務貪則憂니라.

《경행록》에서 말하였다. 만족함을 알면 가히 즐거울 수 있으나, 탐욕에 힘쓰면 근심과 걱정이 생기느니라.

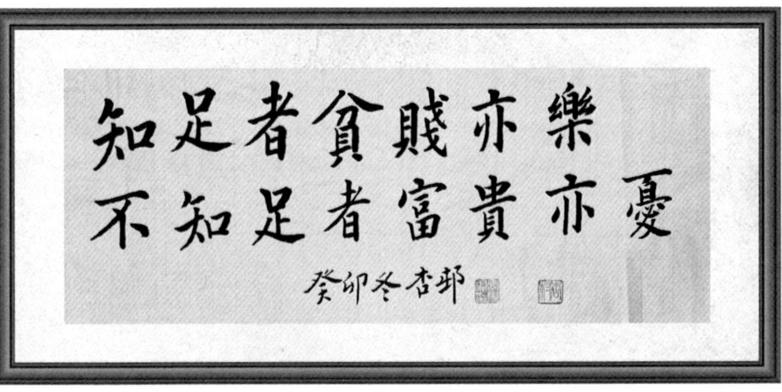

知足者貧賤亦樂 不知足者富貴亦憂

지족자빈천역락 부지족자부귀역우

한자연습 足; 발 족. 족할 족. 貧; 가난할 빈. 賤; 천할 천.

해석 만족할 줄 아는 사람은 가난하고 천하여도 즐겁고, 만족할 줄 모르는 사람은 부하고 귀해졌어도 근심스럽기만 하니라.

풀이 부유하고 귀한 것만 좋은 것은 아니다. 아무리 부유하고 귀한 자리에 있더라도 만족할 줄 모르면 항상 근심과 걱정이 뒤따르는 법이니 사업에 열중하거나 높은 자리에 오르기 위해서 더욱 노력하는 것은 좋으나 자기가 하는 일에 만족을 느껴야만 부유하고 귀한 것이 빛을 발하는 것이다.

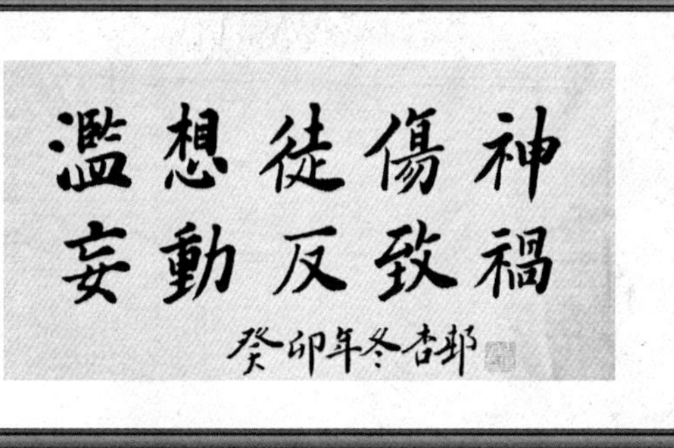

명구 53

濫想徒傷神 妄動反致禍

남상도상신 망동반치화

한자 연습

濫; 퍼질 남, 넘칠 남. 想; 생각할 상. 徒; 무리도, 헛될 도. 傷; 상처 상. 妄; 허망할 망. 致; 이를 치. 부를 치.

해석

쓸데없는(분수에 넘치는) 생각은 다만 정신을 상하게 할 뿐이요, 망령된 행동은 오히려 재앙을 부르느니라.

풀이

사람은 항상 자기 분수를 알아야 하고, 언제나 그 분수를 지키면서 행동하여야 한다. 만약 분수에 넘치는 행동을 하면 오히려 해를 부를 수 있다.

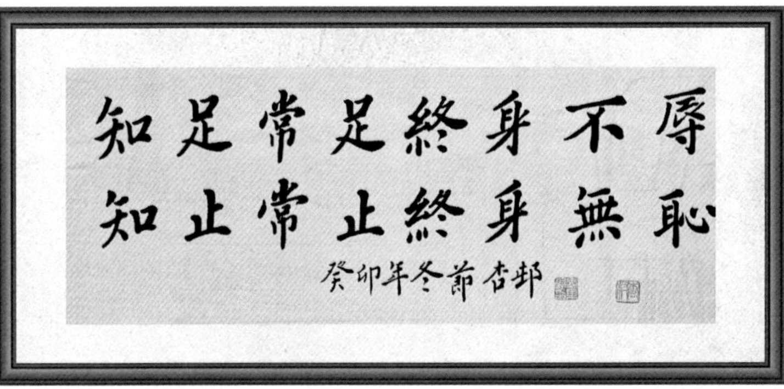

 知足常足終身不辱 知止常止終身無恥

지족상족종신불욕 지지상지종신무치

 足; 발 족. 족할 족. 常; 항상 상. 終; 끝날 종, 마칠 종. 辱; 욕되게 할 욕. 恥; 부끄러워할 치.

 만족한 줄 알고 항상 만족해한다면 평생토록 욕됨이 없고, 그칠 줄을 알고 항상 그친다면 종신토록 부끄러움이 없을 것이다.

 사람의 욕심은 한이 없다고들 한다. 그러나 자기의 수준이나 처지에 맞는 욕심은 욕심이 아닐 수 있으나, 자기 분수를 넘치는 욕심은 반드시 대가를 치르게 됨을 명심해야 한다. 또한 사람은 가다가도 지나치다 싶으면 쉬어 갈 줄도 알아야 한다. 그래야만 평생 탈이 없다.

<table>
<tr><td>명구 55</td><td></td></tr>
</table>

滿招損 謙受益

만초손 겸수익

한자 연습　滿; 가득할 만. 招; 부를 초. 損; 덜 손, 손해 손. 謙; 겸손할 겸. 受; 받을 수. 益; 더할 익. 유익할 익.

해석　가득 차서 넘쳐흐르면 손해를 가져오고, 겸손하면 이익을 얻게 된다.

풀이　차면 기울고 기울면 다시 차는 것이 세상의 이치다. 모든 것을 다 가지겠다고 꿈꾸는 사람이 있다면 그에 상응하는 것을 비워 내야 한다. 그러니 우리는 이러한 원리를 터득하고 처신해야 한다.

본문　書經에 曰, 滿招損하고 謙受益이니라.

《서경》에서 말하였다. 가득 차서 넘쳐흐르면 손해를 불러들이고, 겸손하면 이익을 얻느니라.

安分身無慾 知機心自閑

안분신무욕 지기심자한

한자 연습 分; 나눌 분. 분명할 분. 분수 분. 慾; 욕심 욕. 機; 틀 기. 때 기.

해석 편안한 마음으로 분수를 지키면 몸에 욕됨이 없고, 세상 형편을 잘 알면 마음이 저절로 한가하니라.

풀이 이 세상은 어지럽고 복잡하다. 이런 세상에 적응하려면 우선 자기 처지를 잘 알아야 한다. 남이 잘 한다고 아무 준비나 그에 대한 지식도 없이 덤비면 반드시 실패하게 된다. 그러니 편안한 마음으로 우선 자기 분수를 지켜야 한다.

본문 安分吟에 曰, 安分身無辱이요 知機心自閑이라 雖居人世上이나 却是出人間이니라.

《안분음》에서 말했다. 편안한 마음으로 분수를 지키면 몸에 욕됨이 없고, 세상 형편을 잘 알면 마음이 저절로 한가하니라. 비록 속된 세상에 살더라도 이는 오히려 속세를 벗어나야 하느니라.

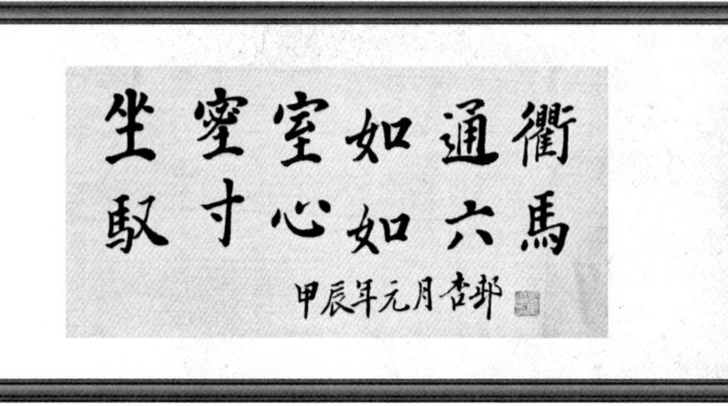

 ## 坐蜜室如通衢 馭寸心如六馬

좌밀실여통구 어촌심여육마

한자연습　坐; 앉을 좌. 密; 은밀할 밀. 衢; 네거리 구. 馭; 말 부릴 어.

해석　밀실에 앉아 있다고 할지라도 마치 네거리로 통하는 것처럼 생각하고, 작은 마음 누르기를 여섯 필의 말이 끄는 마차 부리듯 하라.

풀이　"하늘이 알고, 땅이 알고, 내가 알고, 당신이 안다."라는 말이 있다. 마음이 광명정대하다면 그 행동이 어디에 있든 다를 수가 없다. 그러기 위해서는 마치 여섯 필의 말을 부리듯(옛날 황제의 마차는 여섯 마리의 말이 끌었다.) 주의와 노력을 기울여야 한다.

본문　景行錄에 云, 坐蜜室을 如通衢하고 馭寸心을 如六馬하면 可免過니라.

《경행록》에서 말하였다. 밀실에 앉아 있다고 할지라도 마치 네거리로 통하는 것처럼 생각하고, 작은 마음 쓰기를 마치 여섯 필의 말이 끄는 마차 부리듯 하면 허물을 면할 수 있다.

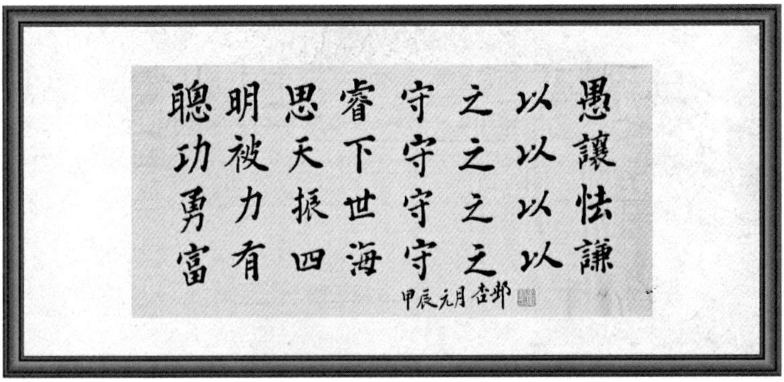

명구 58

聰明思睿守之以愚 功被天下守之以讓
勇力振世守之以怯 富有四海守之以謙

총명사예수지이우 공피천하수지이양
용력진세수지이겁 부유사해수지이겸

한자 연습

聰; 귀 밝을 총. 睿; 깊고 밝을 예. 守; 지킬 수. 愚; 어리석을 우. 功; 공부 공. 공로 공. 被; 입을 피. 미칠 피. 讓; 사양할 양. 勇; 날쌜 용. 振; 떨칠 진. 怯; 겁낼 겁. 謙; 겸손할 겸.

해석

총명하여 그 생각이 깊고 밝을지라도 어리석음으로써 지켜야 하고, 공로가 세상을 뒤덮을지라도 사양함으로써 지켜야 하고, 용맹스러운 힘이 온 세상에 떨칠지라도 겁냄으로써 지켜야 하고, 부유함이 온 바다와 같을지라도 겸손한 마음으로써 지켜야 한다.

풀이

소위 처세술 중에는 겸양지덕이 으뜸이라는 가르침이 있다. 겸양지덕은 항상 겸손한 마음을 갖는 것이다. 우리가 세상을 살아가는데 꼭 지녀야 할 덕목이다.

본문

子曰, 聰明思睿라도 守之以愚하고 功被天下라도 守之以讓하고 勇力振世라도 守之以怯하고 富有四海라도 守之以謙이니라.

공자께서 말씀하셨다.
총명하여 그 생각이 깊고 밝을지라도 자신의 어리석음으로써 지켜야 하고. 공로가 세상을 뒤덮을지라도 사양함으로써 지켜야 하고, 용맹스러운 힘이 온 세상에 떨칠지라도 겁냄으로써 지켜야 하고, 부유함이 사해에 펼쳐있을지라도 겸손한 마음으로써 지켜야 하느니라.

薄施厚望者不報 貴而忘賤者不久

박시후망자불보 귀이망천자불구

한자 연습
薄; 엷을 박. 施; 베풀 시. 厚; 두터울 후. 望; 바랄 망. 報; 갚을 보. 貴; 귀할 귀.
忘; 잊을 망. 賤; 천할 천. 久; 오랠 구.

해석
조금 베풀고 크게 바라는 사람에게는 보답이 없고, 귀하게 되고 비천했던 때를 잊은 사람은 오래 가지 못하느니라.

풀이
세상사는 이해 못 할 때가 많다. 어떤 모금 행사나 굶주리는 아프리카 어린이 모금 캠페인을 보면, 이름 모를 서민층들이 많다. 이들이 무슨 대가를 바라겠는가. 그저 순수한 자비심에서 우러나오는 아름다운 마음이다. 그런가 하면 자기 체면 때문에 마지못해서 참여하는 사람도 가끔은 본다. 신이 계신다면 어느 편을 어여삐 보실까?

본문
素書에 云, 薄施厚望者는 不報하고 貴而忘賤者는 不久니라.

《소서》에서 말했다. 박하게 베풀고서 크게 바라는 사람에게는 보답이 없고, 처지가 귀하게 되고서 비천했던 때를 잊은 사람은 오래 계속되지 못하느니라.

90

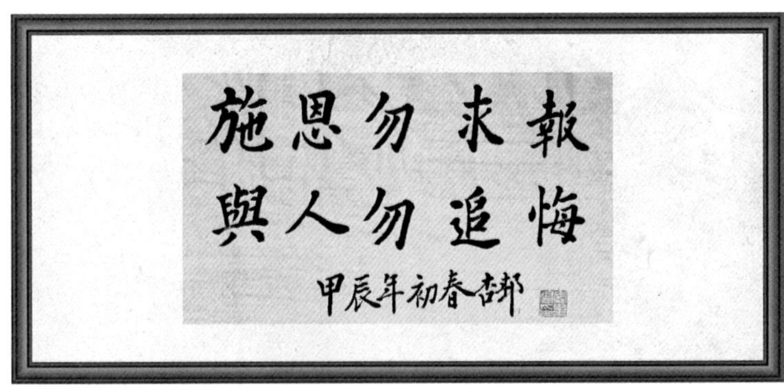

施恩勿求報 與人勿追悔

시은물구보 여인물추회

한자연습 恩; 은혜 은. 勿; 말 물. 求; 구할 구. 與; 줄 여. 더불어 여. 追; 쫓을 추. 悔; 뉘우칠 회.

해석 은혜를 베풀었거든 그에 대한 보답을 바라지 말고, 남에게 주었거든 뉘우쳐 후회하지 말라.

풀이 보답을 바라고 남에게 베푸는 것은 은혜가 아니다. 남에게 베푸는 마음은 순수해야 한다. 그래야 상대방도 고마움을 느끼고 최선을 다해서 갚으려고 노력할 것이다. 또 보답받지 못하면 어떤가? 내 마음은 보답 그 이상의 흡족함을 느끼게 된다.

膽欲大而心欲小 知欲圓而行欲方

담욕대이심욕소 지욕원이행욕방

한자 연습   膽; 쓸개 담. 圓; 둥글 원. 方; 모 방.

해석   담력은 크기를 바라되 마음가짐은 세심하게 하고, 지혜는 원만함을 바라되 행동은 올발라야 하느니라.

풀이   담력만 믿고 매사를 처리하다가는 실패할 확률이 높다. 특히 전쟁에 나가는 장수가 담력만 믿고 출전하면 거의 필패를 면할 수 없다. 반드시 세심하게 적정을 살피고 작전 계획을 세워야 한다. 즉 "지피지기면 백전불태"(상대를 알고 나를 알면 백 번 싸워도 위태롭지 않다.)라는 손자병법을 명심해야 한다. 또한 지혜가 원만하더라도 언제나 행동은 빈틈이 없어야 한다.

본문   孫思邈이 曰, 膽欲大而心欲小하고 知欲圓이 行欲方이니라.

손사막이 말했다. 담력은 크기를 바라되 마음가짐은 세심하게 하고, 지혜가 원만함을 바라되 행동은 올발라야 하느니라.

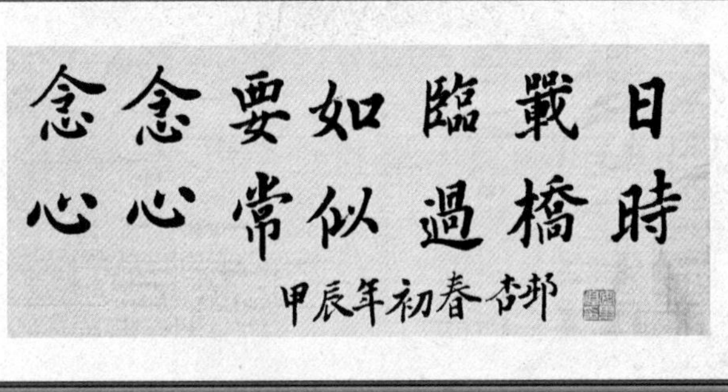

명구 62

念念要如臨戰日 心心常似過橋時

염념요여림전일 심심상사과교시

한자 연습

念; 생각할 염(념). 要; 구할 요. 요구할 요. 臨; 임할 임(림). 戰; 싸울 전. 常; 항상 상. 似; 같을 사. 橋; 다리 교.

해석

생각하는 것마다 항상 싸움터에 나갔을 때처럼 조심하고, 마음은 항상 외나무다리를 건너는 것처럼 해야 하느니라.

풀이

헤르만 헤세가 한 말이 있다. "큰일에는 진지하게 대하지만 작은 일에는 소홀히 하는 것, 이것이 몰락의 원인이 될 수 있다." 아무리 하찮은 일이라도 소홀히 해서는 안 되는 것이다. 또한 모든 일은 조심스럽게 처리해야 한다.

명구 63

寧無事而家貧 莫有事而家富 寧無事而住茅屋
不有事而住金屋 寧無病而食麤飯 不有病而服良藥

영무사이가빈 막유사이가부 영무사이주모옥 불유사이주금옥
영무병이식추반 불유병이복양약

한자 연습

寧; 편안할 영. 貧; 가난할 빈. 莫; 없을 막. 말 막. 住; 살 주. 茅; 띠 모. 屋; 집 옥. 麤; 거칠 추. 飯; 밥 반.

해석

아무 걱정 없이 집이 가난할지언정 걱정 있는 부자가 되지 말 것이요, 아무 걱정 없이 초가에 살지언정 걱정 많은 좋은 집에서 살지 말 것이요, 병 없이 거친 밥을 먹을지언정 병 있으면서 좋은 약을 먹지 말 것이니라.

풀이

인생이 살아가는 데 있어서 행복의 척도는 다양하다. 돈을 많이 가진 것도 행복의 하나일 수 있고, 높은 지위와 명예를 가진 것도 행복의 하나일 수 있다. 그러나 근심 걱정이 없고 건강한 것이 행복의 제일 조건이다.

心安茅屋穩 性定菜羹香

심안모옥온 성정채갱향

**한자
연습** 穩; 평온할 온. 性; 성품 성. 定; 정할 정. 菜; 나물 채. 羹; 국 갱. 香; 향기 향.

해석 마음이 편안하면 초가집도 편안하고 성품이 안정되면 나물 국도 향기로우니라.

풀이 "나물 먹고 물 마시며 팔 굽혀 베고 눕더라도 즐거움이 그 안에 있으니 불의하게 얻은 부귀영화는 나에게는 뜬구름과 같다." 논어 술이편에 나오는 구절이다. 이러한 안빈낙도를 현대에 와서 지킬 수는 없지만, 이러한 마음가짐으로 살아가는 것은 불가능하지는 않을 것이다. 어찌 되었든, 항상 편안한 마음을 가지려는 노력은 언제나 필요할 것이다.

<table>
<tr><td>명구 65</td><td>責人人者不全交 自恕者不改過</td></tr>
</table>

책인인자부전교 자서자불개과

한자 연습 責; 꾸짖을 책. 全; 온전 전. 交; 사귈 교. 恕; 용서할 서. 改; 고칠 개. 過; 지날 과. 허물 과.

해석 다른 사람을 꾸짖는 사람과는 온전히 사귈 수 없고, 자기 잘못을 용서하는 사람은 허물을 고치지 못하느니라.

풀이 다른 사람의 행동은 하나하나 거슬리지만, 나의 행동에는 언제나 변명거리가 있게 마련이다. "사람이란 남의 눈에 든 티는 보여도 자기 눈에 든 들보는 보지 못한다." 그러니 남의 잘못을 너그럽게 용서하는 사람일수록 자신에 대한 충고를 겸허히 받아들인다.

본문 景行錄에 云, 責人人者는 不全交요 自恕者는 不改過니라.

《경행록》에서 말하였다. 다른 사람을 꾸짖는 사람과는 온전한 사귐을 할 수 없고, 자기 잘못을 용서하는 사람은 허물을 고치지 못하니라.

명구 66 夙興夜寐 所思忠孝者 人不知 天必知之 飽食煖衣
怡然自衛者 身雖安 其如子孫何

숙흥야매 소사충효자 인부지 천필지지 포식난의
이연자위자 신수안 기여자손하

한자연습 夙; 일찍 숙. 興; 일어날 흥. 寐; 잠잘 매. 忠; 충성 충. 飽; 배부를 포. 煖; 따뜻할 난. 怡; 기쁠 이. 衛; 지킬 위. 雖; 비록 수.

해석 아침 일찍 잠자리에서 일어나면서부터 밤이 깊어 잠들 때까지 부모에게 효도하고 임금에게 충성하는 사람은, 다른 사람들이 알아주지 않더라도 하늘이 반드시 알 것이요, 배불리 먹고 따뜻하게 입고서 편안하게 제 몸만 위하는 사람은 몸은 비록 편안할지 모르나 그 자손들은 어찌 될 것인가?

풀이 어떠한 경우라도 자식은 부모님께 지극한 효도를 다해야 하며, 국민이라면 나라의 발전과 평화를 위하여 헌신하여야 한다. 이는 남이 알아주기를 바라서 하는 것이 아니라 나에게 부여된 도리다. 그러면 내 자식들도 나의 행동을 보고 따르게 되는 것이다. 그러니 나만 배불리 먹고 좋은 옷을 입고 좋은 차를 타고 제 몸만을 위한다면 그 자식들은 부모로부터 무엇을 배우겠는가?

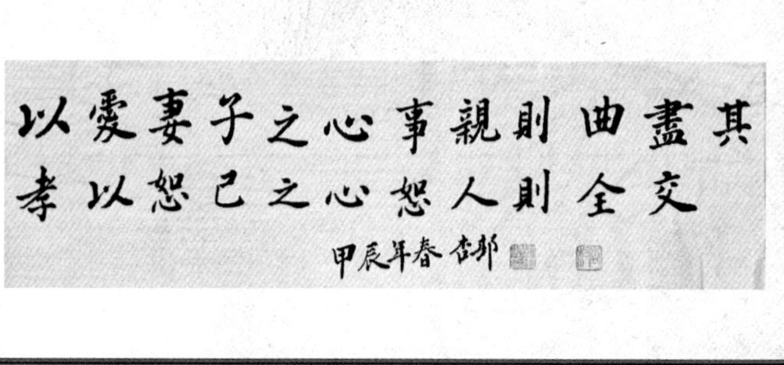

명구 67

以愛妻子之心 事親則 曲盡其孝
以恕己之心 恕人則 全交

이애처자지심 사친즉 곡진기효
이서기지심 서인즉 전교

한자 연습

愛; 사랑 애. 妻; 아내 처. 事; 일 사. 섬길 사. 親; 어버이 친. 친할 친. 曲; 굽을 곡. 盡; 다할 진. 恕; 용서할 서. *曲盡; 마음과 정성이 지극함.

해석

제 아내와 자식을 사랑하는 마음으로 부모님을 섬긴다면 그 효성이 지극할 것이요, 자기를 용서하는 마음으로 다른 사람을 용서한다면 사귐을 온전히 할 수 있을 것이다.

풀이

부모님을 어떻게 섬기는 것이 효도일까? 기준이 있을 수 없다. 그러나 적어도 자기 아내와 자식을 사랑하는 마음으로 부모님을 섬겨야 할 것이다. 또한 친구를 사귀는 척도는 어느 정도로 해야 할까? 자기 자신을 이해하고 용서하는 마음으로 친구를 사귄다면 그 친구 또한 나를 그렇게 대할 것이다.

본문

以愛妻子之心으로 事親이면 則曲盡其孝요 以保富貴之心으로 奉君이면 則無往不忠이요 以責人之心으로 責己면 則寡過요 以恕己之心으로 恕人이면 則全交니라.

제 아내와 자식을 사랑하는 마음으로 부모님을 섬긴다면 그 효도가 극진할 것이요, 부귀를 누리려는 마음으로 임금을 받든다면 그 어디에나 충성 아닌 것이 없을 것이요, 다른 사람을 꾸짖는 마음으로 자기 자신을 책망한다면 허물이 적을 것이요, 자기를 용서하는 마음으로 다른 사람을 용서한다면 사귐을 온전히 할 수 있을 것이니라.

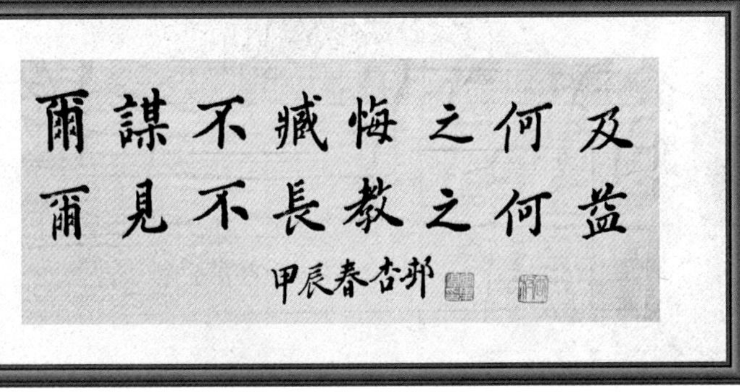

명구 68

爾謀不臧 悔之何及 爾見不長 敎之何益

이모부장 회지하급 이견부장 교지하익

한자 연습

爾; 너 이. 謀; 꾀할 모. 臧; 착할 장. 悔; 뉘우칠 회. 益; 더할 익. 이익 익.

해석

너의 꾀함이 좋지 못했다면 후회한들 무슨 소용이 있으며, 너의 소견이 바르지 못하다면 가르친들 무슨 이익이 있으리오.

풀이

영국 속담에 "어리석은 사람은 물을 퍼내고 현명한 사람은 고기를 잡는다"라는 말이 있다. 세상 이치를 바로 알고 행동해야 한다. 자기 이익에 빠져서 눈이 어둡게 되면 자신과 사회를 위한 더 큰 이익은 보이지 않는 법이다.

탈무드에서는 이렇게 가르치고 있다. "어떤 사람을 현인이라 하는가? 모든 것에서 배우려는 사람이다. 어떤 사람을 굳센 사람이라고 하는가? 자기 자신을 억제하려는 사람이다. 어떤 사람을 풍부한 사람이라고 하는가? 자기 소득에 만족하는 사람이다."

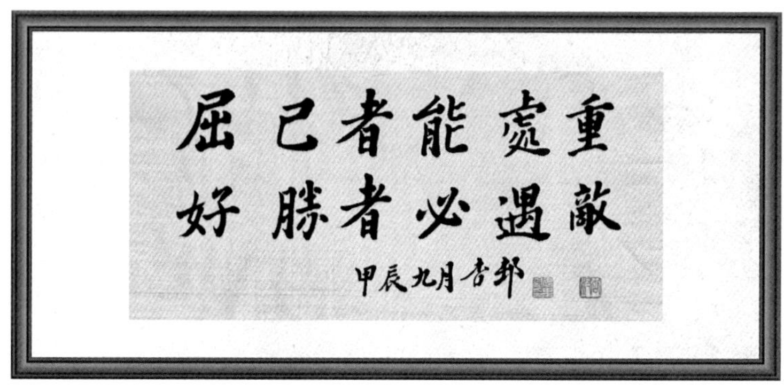

명구 69

屈己者 能處重 好勝者 必遇敵

굴기자 능처중 호승자 필우적

한자 연습 屈; 굽힐 굴. 處; 살 처. 자리 잡을 처. 重; 무거울 중. 勝; 이길 승. 遇; 만날 우. 敵; 원수 적.

해석 자기 자신을 굽힐 줄 아는 사람은 능히 중요한 지위에 있을 수 있고, 남을 이기기를 좋아하는 사람은 반드시 적을 만나게 되느니라.

풀이 자기 생각이나 의견을 개진하되 남의 의견이 옳으면 그것을 받아들이는 아량이 있어야만 중책을 감당하고 잘 해낼 수 있다. 또한 손자병법에서도 "싸우지 않고 이기는 것이 상책"이라고 했다. 싸워서 이기기를 즐기는 사람은 반드시 많은 적을 만나게 된다.

본문 景行錄에 云, 屈己者는 能處重하고 好勝者는 必遇敵이니라.

《경행록》에서 말했다. 자기 자신을 굽힐 줄 아는 사람은 능히 중요한 지위에 있을 수 있고, 남을 이기기를 좋아하는 사람은 반드시 적을 만나게 되느니라.

명구 70

我若被人罵 佯聾不分說

아약피인매 양롱불분설

한자 연습 被; 이불 피. 당할 피. 罵; 욕할 매. 佯; 거짓 양. 聾; 귀머거리 롱.

해석 내가 만일 남에게 욕을 먹더라도 귀먹은 척하고 옳고 그름을 말하지 말라.

풀이 말조심을 강조하는 데는 동서양이 따로 없다. 탈무드는 이렇게 강조한다. "험담은 살인보다 위험하다. 살인은 한 사람만 죽이지만, 험담은 반드시 세 사람을 죽인다. 험담을 퍼뜨리는 사람, 그것을 듣는 사람, 그리고 험담의 대상이 되는 사람"

그러니 내가 만일 남에게 욕을 먹더라도 못 들은 척하는 편이 상책이다. 그것을 받아치면 일이 쓸데없이 커진다. 속담에 참는 것이 덕이라는 말이 있으니 명심해야 한다.

본문 我若被人罵라도 佯聾不分說하라 譬如火燒空하여 不救自然滅이라 我心은 等虛空이어늘 摠爾飜脣舌이니라.

내가 만일 남에게 욕을 먹더라도 귀먹은 척하고 옳고 그름을 따져 말하지 말라. 예를 들면 그것은 마치 불이 허공에서 타다가 끄지 않아도 저절로 꺼지는 것과 같으니라.

명구 71

凡事留人情 後來好相見

범사유인정 후래호상견

한자 연습

凡; 무릇 범. 모두 범. 留; 머무를 유. 情; 뜻 정. 後; 뒤 후. 來; 올 래. 相; 서로 상. 見; 볼 견.

해석

모든 일에 인정을 남겨두면, 훗날 만났을 때 좋은 얼굴로 서로 보게 되느니라.

풀이

사람은 혼자 살 수는 없다. 특히 산업사회나 정보화 사회에 이르러서는 더욱 그렇다. 이렇게 복잡한 사회일수록 남을 돕고 따뜻하게 대하는 일이야말로 미덕을 떠난 도리이다. 내가 남을 도울 수 있는 한 돕자. 남을 돕는다는 것은 꼭 물질이 아니어도 좋다. 따뜻한 말 한마디일 수도 있고 행동일 수도 있다.

동해 먼바다 외딴섬 독도   독도는 아주 작은 외딴섬이지만 그 가치는 엄청나다. 이 섬은 일본이 자기 나라 섬이라 주장하는 분쟁지역이다. 지금은 우리나라가 실효지배하고 있지만, 우리는 국력을 계속 키워나가야 일본이 감히 넘볼 수 없을 것이다.

제3부

부지런히 배워 학문에 힘쓰는 글
자식을 가르치는 글
마음을 살펴 반성하는 글
가르침을 세우는 글

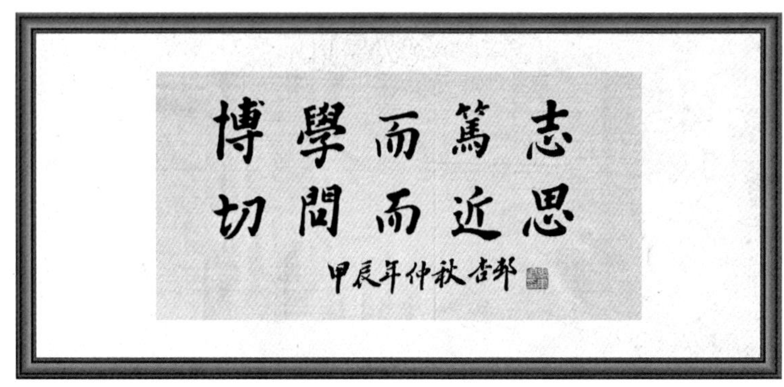

博學而篤志 切問而近思

박학이독지 절문이근사

한자 연습 博; 넓을 박. 篤; 도타울 독. 志; 뜻 지. 切; 끈을 절. 절실할 절. 모두 체.

해석 넓게 배우고 뜻은 독실하게 갖고 간절하게 묻되 가까운 것부터 생각하라.

풀이 예나 지금이나 공부하는 요령은 다를 바 없다. 지금도 초등학교, 중고등학교 에서는 다양한 학문의 기초를 닦는다. 대학에 가면 전공을 결정하고 집중한 다. 그러니 학문에는 지름길이 없다. 시작은 넓게 하고 가까운 것부터 익히며 자기가 하고자 하는 곳으로 파고드는 것이다.

본문 子夏曰 博學而篤志하고 切問而近思하면 仁在其中矣니라.

자하가 말했다. 넓게 배우고 뜻을 독실하게 갖고 간절하게 묻되 가까운 것부터 생각하면 『仁』 은 그곳에 있느니라.

〈참고〉 仁은 공자사상의 근본이다. 그러므로 옛날 선비들은 그 仁을 깨닫는 데 온 힘을 쏟았다.

명구 73

玉不琢不成器 人不學不知義

옥불탁불성기 인불학부지의

**한자
연습** 玉; 옥 옥. 琢; 쫄 탁. 다듬을 탁. 器; 그릇 기. 義; 옳을 의.

해석 옥은 다듬지 않으면 그릇을 만들 수 없고, 사람은 배우지 않으면 의를 알지 못하느니라.

풀이 옥은 장인이 옥돌을 쪼고 깎고 다듬어서 아름다운 그릇도 만들고 예술품도 만들고 값비싼 장식품도 만든다. 여기에는 반드시 유능한 장인이 필요하다. 사람은 이 세상에 태어나서 무엇을 해야 할까? 어려서부터 아름다운 인성을 기르고 공부를 열심히 해야 한다. 공부를 잘하는 아이들을 보라. 그들은 보통 아이들이 다섯 시간 공부하면 열 시간 공부한다. 공부는 시간만 채운다고 되는 것도 아니다. 집중해야 한다. 옛날 한문 서당에서 이런 일도 있었다. 훈장님이 시 한 수씩 지어오라고 숙제를 주셨다. 한 학동이 "마루에 앉아서 공부하는데, 기러기 떼가 남쪽으로 날아가는 소리가 애처롭게 들렸다." 선생님은 그 학생의 종아리를 걷으라고 명령하시고 회초리질을 하면서 꾸짖으셨다. "이놈아, 공부에 열중하는데 어떻게 기러기 소리를 들을 수 있느냐?" 공부에 열중했으면 다른 소리를 들을 수 없다는 말씀이었다.

본문 禮記에 曰, 玉不琢이면 不成器하고 人不學이면 不知義니라.

『예기』에서 말했다. 옥은 다듬지 않으면 그릇을 만들 수 없고, 사람은 배우지 않으면 의를 알지 못하느니라.

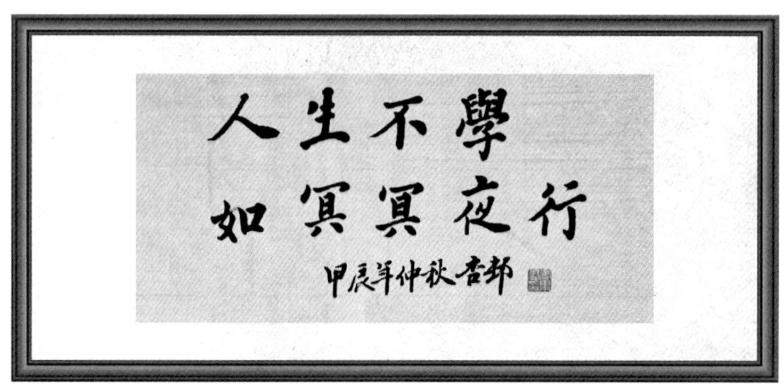

명구 74

人生不學 如冥冥夜行

인생불학 여명명야행

한자 연습 冥; 어두울 명. 夜; 밤 야. 行; 갈 행.

해석 사람이 배우지 않으면 마치 어두운 밤길을 가는 것과 같다.

풀이 옛날에는 양반 상놈 집안으로 나뉘었고, 가난한 집안은 먹을 것이 없어서 끼니를 거르는 집도 많았다. 거기에 학문을 가르치는 곳도 드물었다. 현대 사회는 초등학교는 의무교육이고 거의 누구나 중, 고등, 대학을 입학해서 공부한다. 그렇다고 누구나 공부를 잘하는 것은 아니다. 학문 공부를 하든, 예체능을 하든, 자기 적성을 찾아서 열심히 해야 할 것이다.

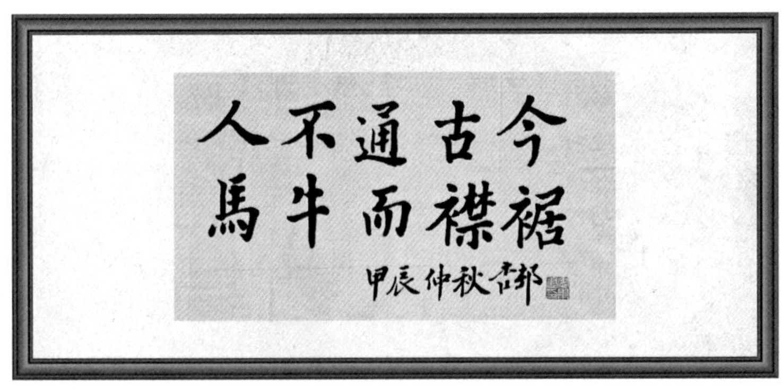

명구 75

人不通古今 馬牛而襟裾

인불통고금 마우이금거

한자 연습 古; 옛 고. 今; 이제 금. 馬; 말 마. 牛; 소 우. 襟; 옷깃 금. 裾; 옷자락 거.

해석 사람이 과거와 현재의 일을 알지 못하면, 말이나 소에다 옷을 입혀놓은 것과 같다.

풀이 여기서는 역사의 중요성을 이야기한 것이다. 역사는 현재의 거울이라는 이야기가 있다. 인간의 본성은 옛날이나 지금이나 별 차이가 없다. 나라의 흥망성쇠, 기업의 흥망성쇠, 개인의 출세와 몰락의 역사를 비추어 보면 오늘날 나아갈 바를 예단할 수 있다. 그러므로 역사 공부는 대단히 중요한 것이다.

본문 韓文公이 曰, 人不通古今이면 馬牛而襟裾니라.

한문공이 말하였다. 사람이 과거와 현재의 일을 알지 못하면, 말이나 소에다 옷을 입혀놓은 것과 같다.

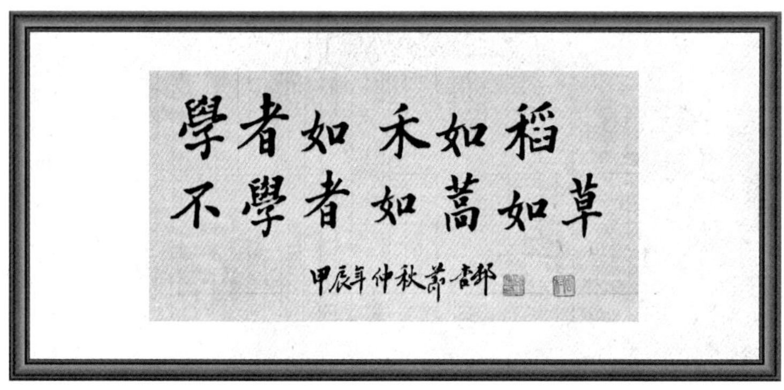

學者如禾如稻 不學者如蒿如草

학자여화여도 불학자여호여초

한자 연습 禾; 벼 화. 稻; 벼 도. 곡식 도. 蒿; 쑥 호. 草; 풀 초.

해석 배운 사람은 벼나 곡식과 같으며, 배우지 못한 사람은 쑥이나 잡초와 같다.

풀이 사람은 배워야 한다. 배우지 못하면 잡초나 금수(禽獸)와 뭐가 다르겠는가? 동서 고금의 유명한 사람들을 보라. 하나같이 공부를 열심히 한 사람들이다. 어린이 들이여! 야망을 갖고 열심히 공부하라. 그리고 부모들이여! 자식이 어릴 때 공 부를 열심히 하도록 환경을 조성하고 동기를 부여하길 바란다. 옛날과 달리 지 금은 슬하에 자녀가 한둘밖에 없지 아니한가?

본문 徽宗皇帝曰, 學者는 如禾如稻하고 不學者는 如蒿如草로다 如禾如稻兮여 國之精糧이요 世之大 寶로다 如蒿如草兮여 耕者憎嫌하고 鋤者煩惱니라 他日面墻에 悔之己老로다.

휘종 황제가 말하였다.

배운 사람은 쌀알이나 벼와 같으며, 배우지 못한 사람은 쑥이나 잡초와 같도다. 쌀이나 벼와 같음은 나라의 좋은 양식이요 세상의 큰 보배로다. 쑥이나 잡초와 같음은 밭을 가는 사람이 싫 어하고 김매는 사람 귀찮아하느니라. 훗날 담장에 얼굴을 면한 듯이 답답하며 뉘우친들 그때 는 이미 늦었도다.

<table>
<tr><td>명구 77</td><td>

學如不及 惟恐失之

학여불급 유공실지

</td></tr>
</table>

한자 연습   及; 미칠 급. 惟; 생각할 유. 오직 유. 恐; 두려울 공. 失; 잃을 실.

해석   배울 것은 한이 없으므로 미치지 못할 듯이 배우고, 배운 것을 잃을까 두려워할지니라.

풀이   배움에는 끝이 있을 수 없다. 위대한 과학자 뉴턴도 "진리의 바다는 내 앞에 아직 발견되지 않은 채 펼쳐져 있다."라고 설파했다. 배움이란 이런 것이다. 벅찬 기대와 의욕을 끓어오르게 하는 미지의 대상인 것이다.

본문   論語에 曰, 學如不及이요 惟恐失之니라.

『논어』에서 말했다. 배울 것은 한이 없으므로 미치지 못할 듯이 여기고, 오직 배운 것을 잃을까 두려워할지니라.

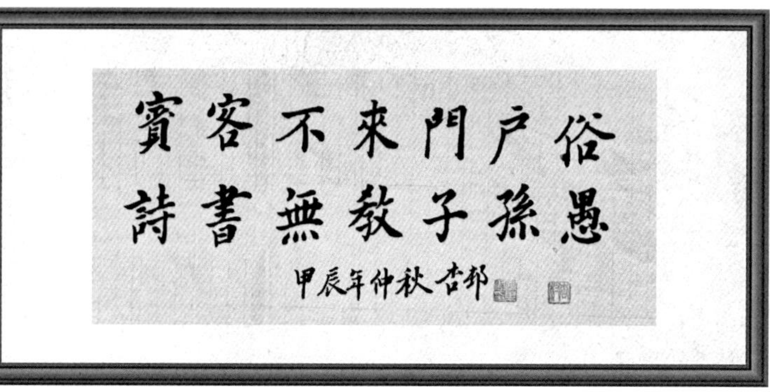

명구 78

賓客不來門戶俗 詩書無敎子孫愚

빈객불래문호속 시서무교자손우

한자 연습
賓; 손님 빈. 客; 손님 객. 戶; 집 호. 俗; 속될 속. 풍습 속. 詩; 시 시. 書; 글 서. 愚; 어리석을 우.

해석
손님이 찾아오지 않으면 집안이 천해지고, 시경과 서경을 가르치지 않으면 자손이 어리석어지느니라.

풀이
지금은 호텔이나 좋은 식당 카페 등이 많으니, 집으로 손님을 초대할 일이 별로 없다. 집은 식구들의 공간이다. 여기서 강조한 점은 자녀 교육이다. 아이들은 TV, 만화, 게임 등 많은 부분에 노출되어 있다. 호기심이 많고 옳고 그름을 분별할 수가 없으니 마구 습득한다. 자녀들의 옳은 배움은 많은 부분이 부모의 책임이다. 부모 스스로 아이들이 보고 배울 수 있는 건전한 생활을 하고, 아이들 교육에 많은 관심을 가져야 한다. 참다운 교육의 출발은 가정에서부터임을 명심하여야 한다.

본문
景行錄에 云, 賓客不來면 門戶俗하고 詩書無敎면 子孫愚니라.
『경행록』에서 말하였다.
손님이 찾아오지 않으면 집안이 천해지고, 시경과 서경을 가르치지 않으면 자손이 어리석어지느니라.

명구 79

事雖小不作不成 子雖賢不教不明

사수소부작불성 자수현불교불명

한자 연습
雖; 비록 수. 作; 지을 작. 成; 이룰 성. 賢; 어질 현. 敎; 가르칠 교. 明; 밝을 명.

해석
일은 비록 그것이 작은 것이라도 하지 않으면 이루어지지 않고, 자식이 비록 어질더라도 가르치지 않으면 현명하게 되지 않느니라.

풀이
요즈음은 자식 교육을 하지 않아서 문제가 아니라, 너무 많은 교육을 해서 문제다. 그러니 부모들은 자식의 적성을 잘 파악하고 그 아이에게 맞는 교육을 찾아서 집중적으로 가르치는 것이 효율적일 것이다. 사실은 대단히 어려운 문제다. 현명한 부모들의 냉철한 판단이 중요하다.

본문
莊子曰 事雖小나 不作이면 不成이요 子雖賢이나 不敎면 不明이니라.

장자가 말하였다.
비록 작은 일이라도 하지 않으면 이루어지지 않고, 자식이 비록 어질더라도 가르치지 않으면 현명하게 되지 않느니라.

명구 80 黃金滿籝不如敎子一經 賜子千金不如敎子一藝

황금만영불여교자일경 사자천금불여교자일예

한자 연습 黃; 누를 황. 滿; 가득할 만. 籝; 광주리 영. 經; 날 경. 경서 경. 賜; 줄 사. 藝; 기예 예.

해석 황금이 궤짝에 가득하게 있어도 자식에게 경서(經書) 한 권을 가르치는 것만 같지 못하고, 자식에게 천금을 물려주는 것이 자식에게 기술 한 가지를 가르쳐주는 것만 못하다.

풀이 현대 사회에서 이런 예는 흔치 않다. 오히려 자식에게 너무 많은 것을 가르치려고 해서 문제다. 누누이 강조하지만, 자식의 적성을 잘 파악해서 가르치되 주입만 해서는 안 되며, 아이가 흥미를 느끼고 스스로 열심히 하도록 유도해야 한다. 또한 부모가 벌어들인 재산을 물려주되 자식이 잘 쓸 수 있는 지혜를 길러 주어야 한다.

본문 漢書에 云, 黃金滿籝이 不如敎子一經이요 賜子千金이 不如敎子一藝니라.

『한서』에서 말하였다.
황금이 궤짝에 가득하게 있어도 자식에게 경서 한 권을 가르치는 것만 같지 못하고, 자식에게 천만 금을 물려 주는 것이 자식에게 기예 한 가지를 가르치는 것만 못하니라.

명구 81

至樂莫如讀書 至要莫如敎子

지락막여독서 지요막여교자

한자 연습 至; 이를 지. 樂; 즐거울 락. 풍류 악. 莫; 아닐 막. 없을 막. 讀; 읽을 독. 書; 글 서. 要; 긴요할 요.

해석 매우 즐거운 것은 책을 읽는 것만 못하고, 매우 중요한 것은 자식을 가르치는 것만 한 것이 없느니라.

풀이 국가의 장래를 짊어지고 갈 어린이들이여! 책 읽는 즐거움을 맛보아라. 거기에 밝은 장래가 있다. 정치인이자 저술가이며 과학자로 역사에 남은 벤저민 프랭클린은 독서광이었다. 그는 자서전에서 그를 위대하게 만든 것은 독서열이었다고 밝히고 있다. 또한 자식을 기르는 부모들은 자식 교육에 온 힘을 쏟아야 한다. 『黃金滿簇 不如敎子一經』이라는 명구를 항상 되새기길 바란다.

| 명구 82 | 內無賢父兄 外無嚴師友而 能有成者 鮮矣 |

內無賢父兄 外無嚴師友而 能有成者 鮮矣
내무현부형 외무엄사우이 능유성자 선의

| 한자 연습 | 賢; 어질 현. 嚴; 엄할 엄. 師; 스승 사. 能; 능할 능. 鮮; 드물 선. 矣; 어조사 의. |

| 해석 | 집 안에 현명한 부모와 형이 없고, 밖으로는 엄한 스승이나 친구가 없어도 능히 뜻을 이룰 수 있는 사람은 드무니라. |

| 풀이 | 사람은 주위 환경에 많은 영향을 받는다. 더욱이 집 안에 훌륭한 부모나 형, 그리고 밖에 엄한 스승이나 훌륭한 친구가 있으면 천복을 타고난 것이다. 공자님은 이렇게 말씀하셨다. "세 사람이 길을 가면 반드시 나의 스승이 될 만한 사람이 있다." 가까운 사람에게서 좋은 점을 배우는 것은 큰 복이다. |

| 본문 | 呂榮公이 曰, 內無賢父兄하고 外無嚴師友而 能有成者는 鮮矣니라. |

여형공이 말하였다. 집 안에 현명한 부모와 형이 없고, 밖으로는 엄한 스승이나 벗이 없이도 능히 뜻을 이룰 수 있는 사람은 드무니라.

116

嚴父出孝子 嚴母出孝女

엄부출효자 엄모출효녀

한자 연습 嚴; 엄할 엄. 出; 날 출. 孝; 효도 효.

해석 엄한 아버지는 효자를 길러내고, 엄한 어머니는 효녀를 길러내느니라.

풀이 요즘은 아이를 하나 아니면 둘을 낳으니, 부모는 자식 사랑에 빠지기 쉽다. 그러나 자식 사랑에 빠지면 훌륭한 아이로 성장시키기가 어렵다. 부모는 적당히 엄해야 하며, 나아가 훌륭한 부모 밑에 걸출한 자식이 성장한다는 것을 잊지 말아야 한다.

憐兒多與捧 憎兒多與食

연아다여봉 증아다여식

한자 연습 憐; 불쌍히 여길 연. 與; 줄 여. 棒; 막대기 봉. 憎; 미워할 증.

해석 귀여운 아이에게는 매를 많이 주고, 미운 아이에게는 밥을 많이 주라.

풀이 옛말에 훌륭한 자식을 원한다면 매를 아끼지 말라고 했다. 그러나 자식에게 매를 함부로 드는 것이 아니다. 매는 아주 효과적으로 그리고 적절할 때 드는 것이 효과적이다. 매를 들어도 말을 듣지 않는다면 어찌해야 할까? 즉 매는 자식을 가르치는 능사가 아니다. 부모의 지혜가 필요하다.

人皆愛珠玉 我愛子孫鉉

인개애주옥 아애자손현

한자 연습 皆; 다 개. 珠; 구슬 주. 玉; 옥 옥. 我; 나 아. 孫; 손자 손. 賢; 어질 현.

해석 사람들은 모두 보물을 사랑하나, 나는 자손의 어진 것을 사랑한다.

풀이 「옛날에 만석꾼으로 이름난 부자가 있었다. 값진 보화에 아름답고 어진 부인까지 얻어 부러울 게 없었다. 그의 소원은 아들을 얻는 것이었다. 백일 지성 끝에 아들을 얻으니, 부자는 날아갈 듯 기뻤다. 그런데 그 부인이 산고 끝에 죽었다. 부자는 슬픔에 빠져 술로 허송했고, 나날이 줄어드는 가산에도 아랑곳하지 않았다. 어느 해 큰 기근이 들자, 도둑 떼가 몰려와 모든 재산을 잃고 말았다. 그러나 총명하게 자란 아들은 아버지께 극진히 효도하며 공부에 더욱 힘썼다. 어느 날 소식을 듣고 찾아온 친구에게 부자는 아들을 소개하며 말했다. "나는 모든 것을 잃었지만 가장 값지고 귀한 것만은 잃지 않았네."」

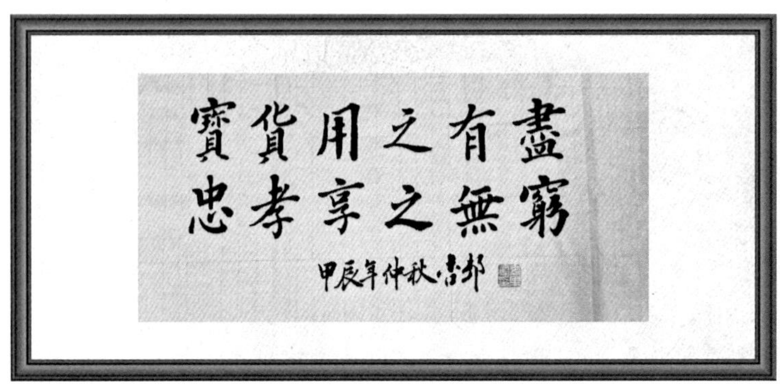

寶貨用之有盡 忠孝享之無窮

보화용지유진 충효향지무궁

한자 연습 寶; 보배 보. 貨; 재화 화. 盡; 다할 진. 享; 누릴 향. 窮; 다할 궁.

해석 보화는 쓰면 다할 때가 있고, 충성과 효도는 누릴수록 다함이 없느니라.

풀이 예로부터 어버이에게 효도하는 것은 모든 행실의 근본이라 했고, 효자 아닌 충신은 없다고도 했다. 어릴 때는 부모님 말씀도 잘 듣고, 어버이에게 효도한다. 그러나 커가면서 효도가 소홀해지기 쉽다. 특히 결혼을 하면 사랑은 아내에게 옮겨가고, 자식을 낳으면 그 사랑이 자식에게 옮겨 간다. 그러나 부모에 대한 효도는 언제나 극진해야 한다.

본문 景行錄에 云, 寶貨는 用之有盡이요 忠孝는 享之無窮이니라.

『경행록』에 이르기를, 금은보화는 쓰면 다 없어지지만, 충성과 효도는 이를 누려도 다함이 없느니라.

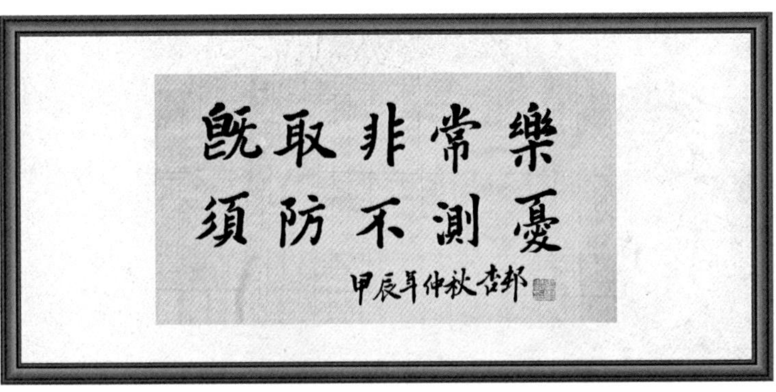

명구 87

旣取非常樂 須防不測憂

기취비상락 수방불측우

한자 연습 旣; 이미 기. 取; 취할 취. 須; 모름지기 수. 防; 둑 방. 막을 방. 測; 잴 측. 헤아릴 측. 憂; 근심 우. ~

해석 이미 심상치 못한 즐거움을 가졌거든, 모름지기 예측할 수 없는 근심이 있을 것에 대비하라.

풀이 「트로이 목마 이야기를 모른 사람은 거의 없다. 그리스 각지에서 모인 영웅들이 트로이를 함락시키기 위하여 십 년 동안 싸움을 벌였다. 그러나 왕과 신하, 백성들이 똘똘 뭉쳐 싸우는 트로이를 쉽게 이길 수가 없었다. 지칠 대로 지친 그리스군은 마지막 계략으로 병사를 숨긴 거대한 목마를 선물하고 물러났다. 똑같이 지쳐있던 트로이 사람들은 뜻밖의 상황에 그간의 경계심을 풀고 말았다. 확인도 안 한 채 목마를 성문 안에 들여놓고 밤새도록 승전을 축하했다. 그러나 기쁨도 잠시, 행운의 전리품은 죽음의 사자로 변하고 말았다. 목마 안에 숨어 있던 그리스 병사들이 쏟아져 나와 성문을 열어젖힌 것이다.

갑작스러운 행운이 있으면, 불행이나 근심도 있는 법이다. 언제나 조심스러운 마음가짐을 잃지 말아야 한다.」

명구 88

得寵思辱 居安慮危

득총사욕 거안여위

한자연습 得; 얻을 득. 寵; 총애할 총. 辱; 욕되게 할 욕. 居; 있을 거. 慮; 생각할 여. 危; 위태할 위.

해석 귀엽게 여겨 사랑을 받거든 욕됨이 뒤따를 것을 생각하고, 편안히 살 때에 위태로움이 있을 것을 염려하라.

풀이 세상의 모든 사물은 변하고 우리를 둘러싼 환경 또한 끊임없이 변한다. 또한 민심은 더욱 변화무쌍하다. 그러니 누구의 총애를 받더라도 항상 조심하고, 지금 삶이 편안할지라도 위태로움이 있을 경우를 대비하여야 한다.

榮輕辱淺 利重害深

영경욕천 이중해심

한자 연습 榮; 영화 영. 輕; 가벼울 경. 辱; 욕되게 할 욕. 淺; 얕을 천. 利; 이로울 이. 重; 무거울 중. 害; 해로울 해. 深; 깊을 심.

해석 영화(榮華)가 가벼우면 욕됨도 얕고, 이로움이 무거우면 해로움도 깊다.

풀이 책임과 권한이 큰 자리일수록 명예와 영광이 따른다. 그러기에 더욱 처신에 조심하고 겸손한 마음을 가져야 한다. 큰 영화와 이익은 절벽 위에 핀 꽃과도 같다. 그 꽃을 따기 위해서는 성실하고 겸허한 자세로 올라가야 한다. 높은 절벽일수록 떨어지기 쉬운 법이다.

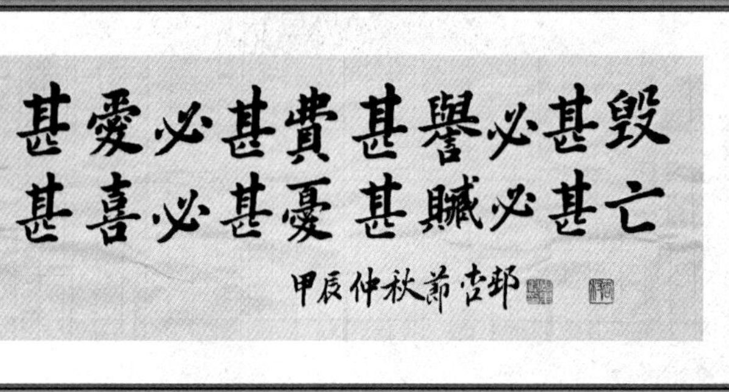

명구 90 甚愛必甚費 甚譽必甚毁 甚喜必甚憂 甚贓必甚亡

심애필심비 심예필심훼 심희필심우 심장필심망

한자 연습 甚; 심할 심. 費; 비용 비. 譽; 기릴 예. 명예 예. 毁; 헐 훼. 喜; 기쁠 희. 憂; 근심 우. 贓; 장물 장. 亡; 망할 망.

해석 사랑이 지나치면 그 소모가 심할 것이고, 명예가 지나치면 반드시 비방이 심할 것이고, 기쁨이 지나치면 근심이 심할 것이며, 뇌물을 탐하는 마음이 지나치면 그 망함이 심할 것이다.

풀이 사람의 욕심은 한이 없고 끝이 없다. 그러므로 마음속에서 솟아나는 욕심을 제어할 능력을 기르지 않으면 반드시 화를 부른다. 그 화의 깊이 또한 천 길 만 길 낭떠러지임을 잊지 말지어다.

명구 91

欲知未來 先察已然

욕지미래 선찰이연

한자 연습 欲; 하고자 할 욕. 知; 알 지. 未; 아닐 미. 來; 올 래. 先; 먼저 선. 察; 살필 찰. 已; 이미 이. 然; 그러할 연.

해석 앞날의 일을 알려거든 먼저 지나간 일들을 살필지니라.

풀이 우리가 역사 공부를 하는 이유가 바로 여기에 있다. 국가의 흥망성쇠나 사건 사고는 거의 사람에 의해 이루어진다. 그러므로 앞으로 일어날 일을 가늠하기 위해서는 지나간 역사에 그 교훈이 있음을 명심해야 한다.

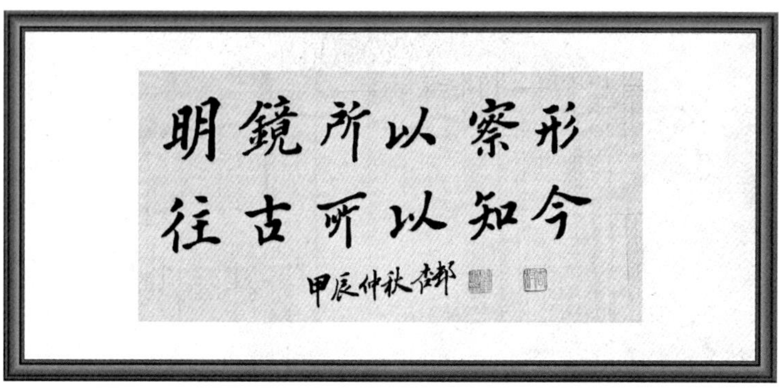

<table>
<tr><td>명구 92</td></tr>
</table>

明鏡所以察形 往古所以知今

명경소이찰형 왕고소이지금

한자 연습 鏡; 거울 경. 形; 모양 형. 往; 갈 왕. 古; 옛 고.

해석 맑은 거울은 형상을 살필 수 있고, 지나간 일은 현재를 아는 길이다.

풀이 공자님께서는 「溫故而知新이면 可以爲師矣」라고 말씀하셨다. 즉, 옛것을 잊지 않고 새것을 알면 스승이 될 수 있다는 말씀이다. 그는 옛 전통 위에 새로운 것을 받아들여야 제대로 된 정치와 사회를 구현할 수 있다고 본 것이다. 즉 과거는 현재를 비추는 거울이다. 그러니 과거를 잊어서는 안 된다.

본문 子曰, 明鏡은 所以察形이요, 往古는 所以知今이니라.

공자님께서 말씀하셨다. 맑은 거울은 형상(얼굴)을 살필 수 있는 것이요, 지나간 일은 현재를 아는 길이니라.

| 명구 93 |

過去事如明鏡 未來事暗似漆

과거사여명경 미래사암사칠

한자 연습 過; 지날 과. 暗; 어두울 암. 似; 같을 사. 漆; 옷 칠. 검은 칠.

해석 지난 일은 맑은 거울과 같으나 앞날 일은 어둡기가 칠흑과 같으니라.

풀이 특히 현대와 같이 통신수단과 정보유통이 다양한 시대에는 비밀이 유지될 수 없다. 그러니 과거사는 더욱 밝아졌다. 그러나 미래에 일어날 일은 지난 일에 비추어 볼 수밖에 없으니, 미래를 계획할 때는 과거의 거울로 비추어 보아야 한다.

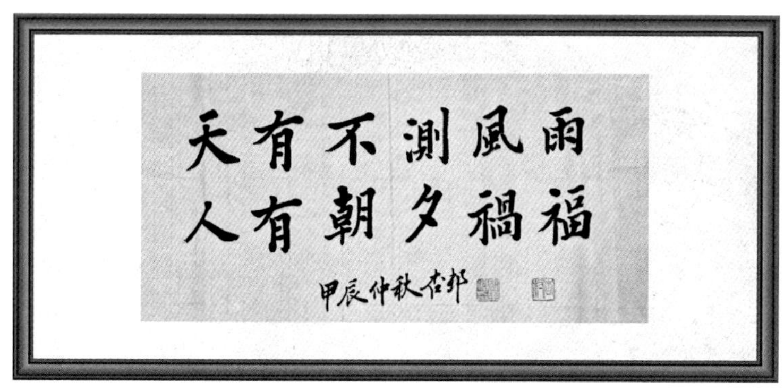

天有不測風雨 人有朝夕禍福

천유불측풍우 인유조석화복

한자 연습

測; 헤아릴 측. 朝; 아침 조. 夕; 저녁 석. 禍; 재화 화. 福; 복 복.

해석

하늘에는 헤아릴 수 없는 비바람이 있고, 사람에게는 아침과 저녁으로 화와 복이 있느니라.

풀이

요즈음에는 예측 수단이 발달하여 일기예보가 거의 적중한다. 그러나 예전에는 일기를 미리 알 수가 없었다. 다만 농부들이나 어부들은 전해 내려오는 감으로 어렴풋이 알고 대비했다. 그러나 길흉화복(吉凶禍福)은 예측할 수가 없다. 권력을 한 손에 쥐고 있던 사람이 하루아침에 죄인이 되는가 하면, 권력의 미움을 받던 사람이 권력을 한 손에 쥐기도 한다. 이렇게 인생의 화와 복은 끊임없이 반복된다.

명구 95

自信者人亦信之吳越皆兄弟
自疑者人亦疑之身外皆敵國

자신자인역신지오월개형제
자의자인역의지신외개적국

한자연습

信; 믿을 신. 吳; 나라이름 오. 越; 나라이름 월. 疑; 의심할 의. 敵; 원수 적. 國; 나라 국.

해석

자기 자신을 믿는 사람은 남도 또한 믿어서 적국 사이일지라도 모두 형제가 될 수 있고, 자기 스스로 의심하는 자는 남도 또한 의심하여 자기 이외에는 모두 적국과 같으니라. *吳, 越은 서로 적국이었음.

풀이

사람은 언제나 정의로운 마음과, 올바른 마음을 가지고 행동하여야 한다. 비록 깜깜한 밤이나 홀로 있더라도 정직한 마음을 잃지 말아야 한다. 이것이 진정으로 나를 믿게 하는 지름길이다.

명구 96

疑人莫用 用人勿疑

의인막용 용인물의

한자 연습 疑; 의심할 의. 用; 쓸 용.

해석 의심스러운 사람은 쓰지 말고, 사람을 이미 썼으면 의심하지 말지니라.

풀이 이것이 최고의 용인술이다. 간단하고 쉬울 것 같지만 여간 어려운 일이 아니다. 우리나라 최고 재벌의 창업주는 이 구절을 철저히 지킨 분으로 기록되었다. 이 회사의 사훈(社訓) 또한 인재제일주의(人材第一主義)였다. 그는 사원을 뽑을 때 신중에 신중을 거듭했다. 일설에는 그가 사원 면접을 볼 때 뒤에 유명한 관상 보는 사람이 배석했다고도 한다.

그는 사람을 일단 쓰면 그 사원이 최선의 노력을 하도록 환경을 만들어 주었다. 이러한 것들이 이 그룹이 오늘날 세계적인 기업이 된 하나의 초석일 것이다.

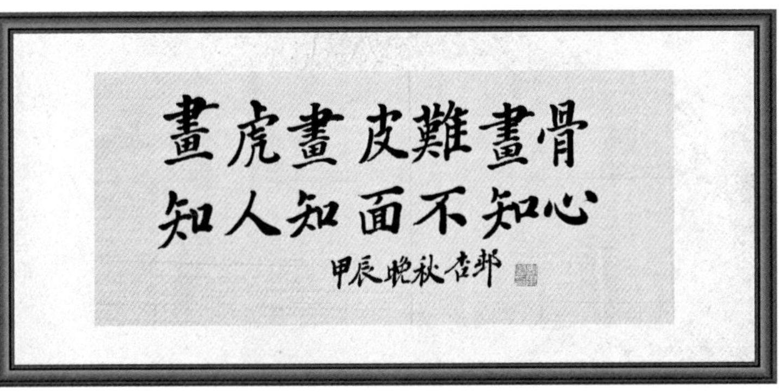

畫虎畫皮難畫骨 知人知面不知心

화호화피난화골 지인지면부지심

한자 연습

畵; 그림 화. 虎; 호랑이 호. 皮; 가죽 피. 難; 어려울 난. 骨; 뼈 골. 不; 아니 부. 아니 불.

해석

호랑이를 그리되 그 가죽은 그릴 수 있으나 속에 있는 그 뼈는 그리기 어렵고, 그 사람의 얼굴은 알 수 있지만 그 속마음은 알지 못하느니라.

풀이

우리 속담에 〈열 길 물속은 알아도 한 길 사람 속은 모른다〉라고 했다. 또 〈사람은 겪어보아야 안다〉라는 말도 있다. 이렇듯 사람을 분별하는 것처럼 어려운 일은 없다. 그러니 사람을 새로 알게 되면 그 사람을 믿되 경솔한 대응을 경계해야 한다. 사람을 속단해서 일을 그르치는 경우가 많다.

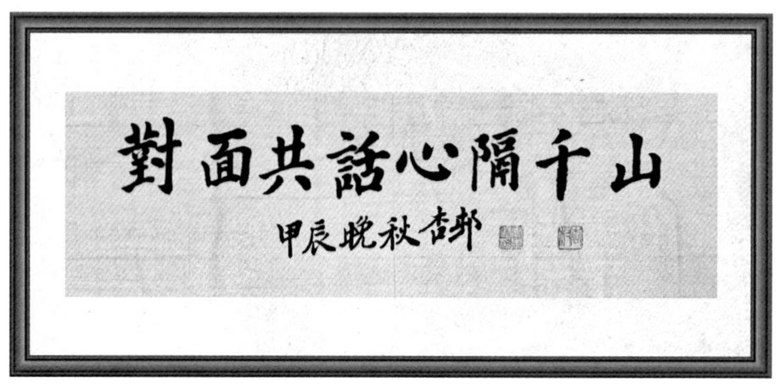

<table>
<tr><td>명구 98</td><td></td></tr>
</table>

對面共話 心隔千山

대면공화 심격천산

한자 연습   對; 대답할 대. 대할 대. 共; 함께 공. 話; 말할 화. 隔; 사이 뜰 격.

해석   얼굴을 맞대고 서로 이야기는 하되, 마음은 여러 산이 막혀 있는 것처럼 멀리 떨어져 있느니라.

풀이   아주 다정한 양 서로 이야기를 주고받지만, 속마음은 서로 딴 곳에 있을 수 있다는 명구이다. 겉 다르고 속 다르다는 표현도 상기해야 한다.

海枯終見底 人死不知心

해고종견저 인사부지심

한자 연습 海; 바다 해. 枯; 마를 고. 終; 끝날 종. 底; 밑 저.

해석 바다가 마르면 마침내는 그 밑바닥을 볼 수 있지만, 사람은 죽은 후에도 그 속마음을 알지 못하느니라.

풀이 과학이 발달하면서 우리는 땅 밑이나 바닷속 심지어 우주까지도 많이 알게 되었다. 심리학이나 정신의학 등 여러 분야의 연구가 있지만 여전히 알 수 없는 것은 사람의 마음이다. 나 자신의 마음도 내가 잘 모르는데 어찌 남의 마음을 알 수 있겠는가? 그러니 사람을 대하기가 조심스럽고 어려운 것이다.

명구 100

凡人不可逆相 海水不可斗量

범인불가역상 해수불가두량

한자연습 凡; 무릇 범. 逆; 거스를 역. 相; 서로 상. 관상 상. 斗; 말 두. 量; 헤아릴 양.

해석 보통 사람은 미리 그 앞날을 점칠 수 없고, 바닷물은 말[斗]로 그 양을 헤아릴 수 없느니라.

풀이 사람의 앞날은 쉽게 예단할 수 없다. 어려서 총명한 아이가 반드시 장성해서도 잘 된다는 보장이 없다. 꾸준한 노력과 통찰력이 필요하다. 발명왕 에디슨의 명언을 상기해 보자. 〈천재는 1퍼센트의 영감과 99퍼센트의 노력이다.〉

본문 太公이 曰 凡人은 不可逆相이요 海水는 不可斗量이니라.

태공이 말했다. 보통 사람은 미리 그 앞날을 점칠 수 없고, 바닷물은 말로 그 양을 헤아릴 수 없느니라.

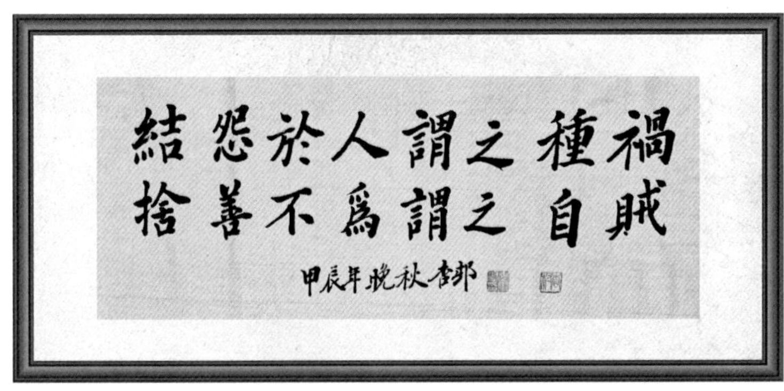

명구 101

結怨於人謂之種禍 捨善不爲謂之自賊

결원어인위지종화 사선불위위지자적

한자 연습

結; 맺을 결. 怨; 원망할 원. 謂; 이를 위. 種; 씨 종. 禍; 재난 화. 捨; 버릴 사.
賊; 도둑 적.

해석

다른 사람과 원수가 되는 것은 재앙의 씨앗을 뿌리는 일이요, 착함을 외면하고, 행하지 않는
것은 스스로 제 몸을 해치는 것과 같다.

풀이

화나 재앙은 결코 먼 곳에 있는 것이 아니다. 가깝고 쉬운 선을 행하지 않는
데서 비롯된다. 그러니 우리는 살면서 큰 선을 베풀려고 찾을 것이 아니라 가
깝고 쉬운 선부터 찾아서 행해야 한다.

본문

景行錄에 云, 結怨於人을 謂之種禍요 捨善不爲를 謂之自賊이니라.

『경행록』에서 말하였다. 다른 사람과 원수가 되는 것은 재앙의 씨앗을 뿌리는 일이요, 선을 외
면하고, 행하지 않는 것은 스스로 제 몸을 해치는 것과 같으니라.

賢人而多財則損其志
愚人而多財則益其過
甲辰年晚秋 古邨

명구 102

賢人而多財則損其志 愚人而多財則益其過

현인이다재즉손기지 우인이다재즉익기과

한자 연습
賢; 어질 현. 財; 재물 재. 損; 손해 손. 志; 뜻 지. 愚; 어리석을 우. 益; 더할 익.
過; 지날 과. 허물 과.

해석
어진 사람에게 재물이 많으면 그의 지조가 손상되고, 어리석은 사람에게 재물이 많으면 그 허물을 더하느니라.

풀이
재물은 사람이 살아가는 데 반드시 필요한 요소임에는 이론의 여지가 없지만, 그 사람과 맞는 재물이 필요한 것이다. 재물이 없을 때는 올바른 뜻을 가지고 살던 사람도 재물이 많아지면 그 정신을 저버리고 교만하게 되어 인생을 망치는 수가 허다하다. 그 좋은 예로, 복권에 당첨되어 하루아침에 부를 거머쥔 사람이 잘 된 예가 드물다. 그래서 톨스토이는 부를 분뇨에 비유하기도 했다. 부란 쌓일수록 악취를 풍기지만 뿌려지면 흙을 기름지게 하여 곡식이 잘된다고 말했다. 돈은 갖는 것도 중요하지만 어떻게 쓰느냐가 더욱 중요한 것이다.

본문
疏廣이 曰, 賢人이 多財면 則損其志하고 愚人이 多財면 則益其過니라.

소광이 말했다. 어진 사람에게 재물이 많으면 그의 지조가 손상되고, 어리석은 사람에게 재물이 많으면 그 허물을 더하느니라.

* 소광은 중국의 전한 선제 때 사람으로 태부라는 높은 지위에 있다가 나이가 들어 벼슬을 그
  만두자, 선제와 태자가 많은 재물을 하사했다. 그가 하사받은 재물을 하나도 남김없이 주위
  사람들에게 나누어 주자, 어떤 사람이 그에게 그 재물을 왜 자손들에 물려주지 않느냐고 하
  자 소광이 한 말이다.

명구 103

人貧智短 福至心靈

인빈지단 복지심령

한자연습 貧; 가난할 빈. 智; 지혜 지. 슬기 지. 短; 짧을 단. 靈; 신령 영. 신령스러울 영.

해석 사람이 가난하면 지혜도 짧아지고, 행복한 경지에 이르면 마음도 신령스러워진다.

풀이 육체가 건강하고 부지런하면 가난은 면할 수 있다. 분수에 넘치는 부가 정신적 불행을 가져오는 것처럼 지나친 가난도 우환이 되기 쉽다. 그러니 자기의 노력에 의하여 정당하게 일으킨 부는 가정의 행복을 가져오고, 자신의 마음도 편하게 만든다.

不經一事 不長一智

불경일사 부장일지

한자 연습 經; 경서 경. 지날 경. 智; 지혜 지.

해석 아무 일도 경험하지 않으면, 아무 지혜도 자라지 않는다.

풀이 「레오나르도 다 빈치는 지혜는 경험의 딸이라고 했다. 경험은 그것이 혹독하면 할수록 더 깊은 깨달음을 가져다준다. 사람이 일생을 살아가면서 항상 좋은 일만 겪는 것은 아니다. 때론 많은 희생과 고통을 겪어야 한다. 지혜란 이러한 힘든 역경을 통하여 조금씩 뭉쳐지는 것이다. 지혜가 값진 것은 이 때문이다.」

명구 105

來說是非者 便是是非人

내설시비자 편시시비인

한자 연습 說; 말씀 설. 便; 편할 편. 똥오줌 변.

해석 찾아와서 옳고 그름을 말하는 사람은 바로 나에게 시비를 거는 사람이다.

풀이 남을 헐뜯기를 즐기는 사람이 있다. 그런 사람은 여기 가서 이 말을 하고, 저기 가서 저 말을 해서 남을 이간질하는 것을 즐긴다. 반드시 경계해야 할 사람이다.

有福莫享盡 福盡身貧窮

유복막향진 복진신빈궁

한자 연습

莫; 없을 막. 아득할 막. 저물 모. 享; 누릴 향. 盡; 다할 진. 貧; 가난할 빈. 窮; 다할 궁. 가난할 궁.

해석

복이 있다고 모두 다 차지하지 말라, 복이 다하면 몸이 빈궁해질 것이니라.

풀이

"있을 때 잘하라"라는 속담이 있다. 사람이 추구하는 가치 중에는 일시적인 것이 있고 영원한 것이 있다. 권세와 재물, 명예는 그것이 인간이 추구하는 화려하고 즐거운 것일지라도 일시적으로 머물렀다가 사라지는 속성이 있다. 반면에 겸허와 성실, 검소함 등은 평생을 함께할 수 있는 가치이다. 그러니 명예와 재물, 권세가 내게 왔을 때 어떻게 행동해야 하겠는가?

본문

복이 있다고 모두 다 차지하지 말라. 복이 다하면 몸이 빈궁해질 것이요, 권세가 있다 해도 다 부리지 말라. 권세가 다하면 원수와 서로 만나느니라. 복이 있거든 항상 스스로 아끼고, 권세가 있거든 항상 몸소 삼가라. 인간 생활에서 흔히 교만함과 사치스러움은 시작은 있으나 나중에는 없는 경우가 많으니라.

명구 107

黃金千兩未爲貴 得人一語勝千金

황금천냥마위귀 득인일어승천금

한자연습

兩; 두 량. 근 냥. 貴; 귀할 귀. 得; 얻을 득. 語; 말씀 어. 勝; 이길 승. 나을 승.

해석

황금 천 냥이 귀한 것이 아니요, 다른 사람의 좋은 말 한마디 듣는 것이 천금보다 나으니라.

풀이

우리가 역사를 공부하고, 위인전을 열심히 읽는 것은 거기에서 우리 일생을 좌우할 역사적 사실이나 명언을 얻기 위해서다. 명언을 얻는다는 것은 단순히 들어서는 효과가 없다. 그 명언을 읽고 크게 깨달아야 하고, 내 것으로 소화해서 내가 나아갈 바를 정하고 어떠한 난관이 있더라도 실행해야 한다. 내 평생을 살찌우는 말 한마디는 천금으로도 살 수 없는 것이다.

명구 108

黃金未是貴 安樂値錢多

황금미시귀 안락치전다

한자연습 値; 값 치. 錢; 돈 전.

해석 황금이 귀한 것이 아니요, 편안하고 즐거운 것이 돈보다 값어치가 많으니라.

풀이 사람들은 행복을 찾기 위해, 어떤 이는 사업을 하고, 혹은 직장에서 열심히 일을 한다. 그렇게 돈을 모은다. 돈이 있으면 행복한가? 돈은 꼭 쓸 곳에 써야 한다. 무엇보다 가정이 화목하고 편안해야 그곳에 행복의 파랑새가 있는 것이다.

名구 109

天不生無祿之人 地不長無名之草

천불생무록지인 지부장무명지초

한자 연습 祿; 복 록. 녹봉 록. 草; 풀 초.

해석 하늘은 복록이 없는 사람을 태어나게 하지 않고, 땅은 이름 없는 풀을 기르지 않느니라.

풀이 「춘추전국시대 때 조나라에 공손용이라는 사람이 있었다. 그는 무엇이든 한 가지 재주만 있으면 누구나 식객으로 붙들어 두었다. 하루는 고함을 잘 지르는 사람이 찾아와 머물기를 청하자 흔쾌히 맞아들였다. 그 사람은 일 년이 넘도록 하는 일 없이 놀고먹었지만, 주인은 싫은 기색이 없었다. 어느 날 공손용이 연나라에 다녀오다가 큰 강을 만나 길이 막히게 되었다. 그날 안으로 꼭 건너야 했기에 멀리 강 건너의 뱃사공을 불렀지만 아무리 소리쳐도 사공은 듣지 못했다. 드디어 때를 만난 그 식객은 자신만만하게 언덕에 올라 천둥 같은 고함을 질러댔다. 그러자 그 소리를 들은 뱃사공이 배를 저어와 일행은 무사히 강을 건널 수 있었다.

사람은 누구나 제 역할과 몫을 타고 난다. 단지 그것을 발견하고 유용하게 쓰지 못할 뿐이다.」

大富由天 小富由勤

대부유천 소부유근

한자 연습　富; 부자 부. 由; 말미암을 유. 勤; 부지런할 근.

해석　큰 부자는 하늘의 뜻에 달려 있고, 작은 부자는 부지런한 데서 오느니라.

풀이　큰 부자는 하늘이 낸다는 말이 있다. 그렇지는 않다. 다만 큰 부자가 되는 사람은 나라나 인류의 발전상을 진단하고, 국가나 대중의 소비심리를 정확하게 예단하며 그에 알맞은 재화를 만들어 낸다. 이러한 예지와 실행력은 범인이 할 수 있는 것은 아니다. 우리나라의 세계적인 재벌이 된 삼성이나 현대의 창업주들이 기업을 세우고 성장시킨 일이다. 그러나 작은 부자는 건강하고 부지런하면 누구나 일궈낼 수 있다. 항상 건강에 유의하고 부지런 하자.

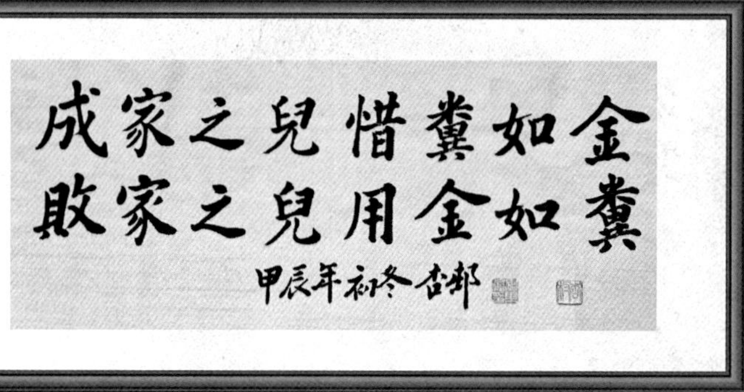

명구 111

成家之兒惜糞如金 敗家之兒用金如糞

성가지아석분여금 패가지아용금여분

한자 연습 成; 이룰 성. 惜; 아낄 석. 糞; 똥 분. 敗; 깨뜨릴 패.

해석 집을 일으키는 아이는 똥 아끼기를 금과 같이 귀하게 여기고, 집을 망치는 아이는 돈 쓰기를 똥과 같이 천하게 여기느니라.

풀이 돈은 근본적으로 귀한 것이다. 그러나 그 귀한 돈도 가진 사람이 어떻게 쓰느냐에 따라 집안을 일으킬 수도 있고, 집안을 망하게 함은 물론 자기 몸까지 망가뜨릴 수 있다. 그러니 자기가 열심히 버는 돈이 진짜 자기 돈임을 알아야 한다. 분수에 넘치는 돈을 손에 넣거나, 부모로부터 물려받은 돈은 아까운 줄 모르고 남용하다가 집안도 망하고 자기 몸도 망가뜨릴 수 있으니, 어찌 돈을 함부로 남용한단 말인가?

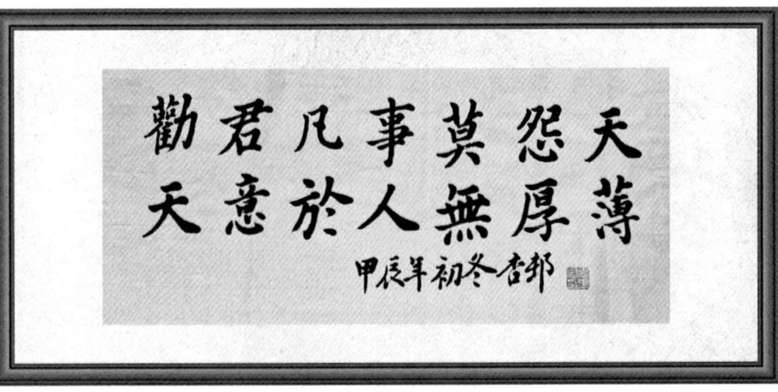

명구 112

勸君凡事莫怨天 天意於人無厚薄

권군범사막원천 천의어인무후박

한자 연습

勸; 권할 권. 君; 임금 군. 그대 군. 凡; 무릇 범. 怨; 원망할 원. 意; 뜻 의. 厚; 두터울 후. 薄; 엷을 박.

해석

그대에게 권하노니, 매사에 있어서 하늘을 원망하지 말라. 하늘의 뜻은 원래 사람에게 후하고 박함의 구별이 없느니라.

풀이

인생을 살다 보면 고통을 받을 때도 있고, 행복하고 편안할 때도 있다. 고통을 겪으면 남을 원망하고 나아가 하늘을 원망한다. 편안할 때는 내가 잘해서 편안하고, 고통을 겪으면 남 탓을 한다. 그렇지 않다. 모든 것은 내 탓이다.

본문

花落花開開又落하고 錦衣布衣更換着이라 豪家도 未必常富貴요 貧家도 未必長寂寞이라 扶人에 未必上靑宵요 推人에 未必塡溝壑이라 勸君凡事莫怨天하라 天意於人에 無厚薄이니라.

꽃은 졌다가 피고, 피었다가 다시 지고, 비단옷도 다시 삼베옷으로 바뀌느니라. 재산이 많은 집이라도 반드시 언제나 부유한 것은 아니요, 가난한 집이라도 반드시 언제까지나 적막하지는 않다. 사람을 붙들어 올려도 반드시 푸른 하늘에는 올라가지는 못할 것이요, 사람을 밀어뜨린다 해도 반드시 깊은 골짜기에 굴러떨어지지는 않느니라. 그대에게 권하노니, 매사에 있어서 하늘을 원망하지 말라. 하늘의 뜻은 원래 사람에게 후하고 박함의 구별이 없느니라.

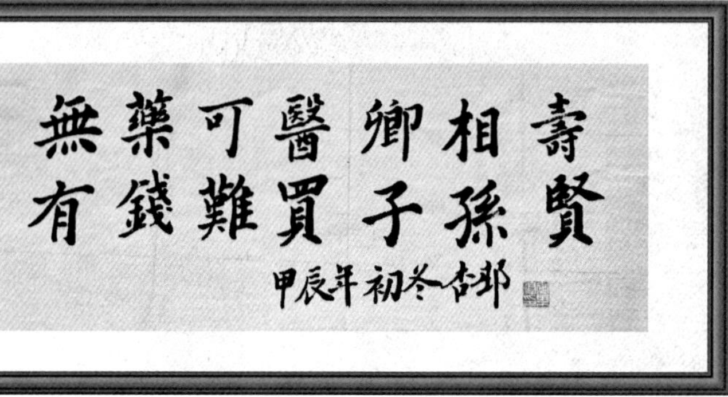

명구 113

無藥可醫卿相壽 有錢難買子孫賢

무약가의경상수 유전난매자손현

한자 연습

藥; 약 약. 약초 약. 醫; 의원 의. 고칠 의. 卿; 벼슬 경. 相; 서로 상. 재상 상.
壽; 목숨 수. 錢; 돈 전. 難; 어려울 난. 買; 살 매. 賢; 어질 현.

해석

약이라고 하여 모두 재상의 수명을 고칠 수 없고, 돈이 있어도 자손의 어질고 현명함을 사기
어려우니라.

풀이

아무리 의술이 발달하였다 하더라도 모든 사람의 병을 다 고칠 수는 없다. 특
히 모든 생명은 일정한 수명이 있다. 사람의 한계 수명은 110세 정도라는 설
이 있지만, 모든 사람이 다 천수를 누릴 수 없으니 평소 잘 관리하여야 한다.
또한 자손의 현명함은 누구나 바라는 일이지만, 돈으로 살 수는 없는 것이니
잘 가르치고 열심히 배워야 한다.

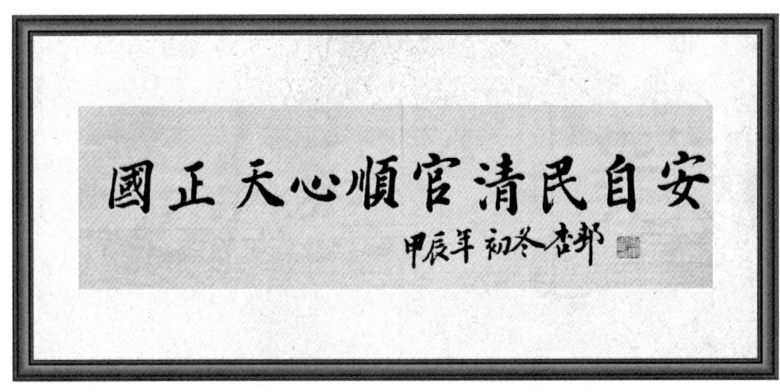

명구 114

國正天心順 官淸民自安

국정천심순 관청민자안

한자 연습 順; 순할 순. 順; 순할 순. 官; 벼슬 관. 淸; 맑을 청.

해석 나라가 바르면 하늘의 뜻도 순하고, 벼슬아치가 깨끗하면 백성도 따라서 편하니라.

풀이 옛날이나 오늘날이나 진리다. 진리는 변치 않는 원리다. 나라의 정치가 올바르면 나라가 발전하고, 기업들이 융성하고, 백성들의 삶도 윤택해지는 것이다. 또한 공무원들이 본분을 지키고 부정부패에 물들지 않으면 백성들은 자연히 살기에 편해지는 것이다. 나라에 부패가 만연하면 그 나라가 망하는 것은 역사가 증명하는 바이다.

본문 壯元詩에 云, 國正이면 天心順하고 官淸이면 民自安이라. 妻賢이면 夫禍少하고 子孝면 父心寬이니라.

『장원시』에서 말하였다.
나라가 바르면 하늘의 뜻도 순하고, 벼슬아치가 깨끗하면 백성도 따라서 편안하느니라. 아내가 어질면 그 남편에게는 화가 적고, 자식이 효성스러우면 그 아버지의 마음이 너그러워지느니라.

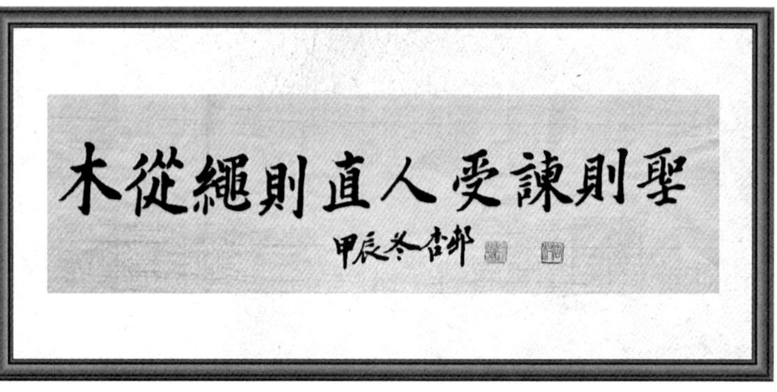

명구 115

木從繩則直 人受諫則聖

목종승즉직 인수간즉성

한자 연습
從; 좇을 종. 繩; 줄 승. 먹줄 승. 直; 곧을 직. 受; 받을 수. 諫; 간할 간. 聖; 성인 성. 성스러울 성.

해석
나무는 먹줄을 따르면 곧아지고, 사람은 어려운 충고를 받아들이면 거룩해지느니라.

풀이
약간 굽은 나무라도 재목으로 쓰기 위해서는 먹줄을 놓고 깎아내면 곧은 목재가 된다. 그 원리와 같이 사람도 다른 사람의 어려운 충고를 받아들이고 그 충고에 따라 행동하면 훌륭한 사람이 될 수 있다. 그러나 남의 충고를 받아들이기가 쉽지 않다.

본문
子曰, 木從繩則直하고 人受諫則聖이니라.

공자님께서 말씀하셨다. 나무는 먹줄을 놓고 깎으면 곧아지고, 사람은 어려운 충고를 받아들이면 거룩해지느니라.

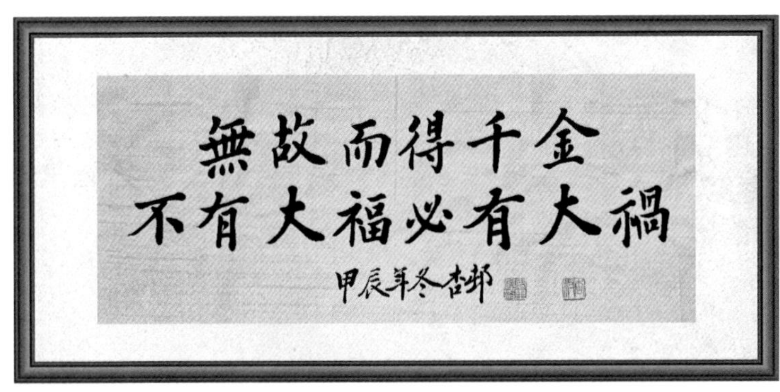

명구 116

無故而得千金 不有大福 必有大禍

무고이득천금 불유대복 필유대화

한자 연습 故; 옛 고. 연고 고. 得; 얻을 득. 福; 복 복. 禍; 재앙 화.

해석 아무 연고 없이 천만금을 얻는 것은 큰 복이 있는 것이 아니라, 반드시 큰 재앙을 불러올 수 있다.

풀이 돈은 노력으로 벌어야 내 돈이다. 일 예로, 동서양을 막론하고 복권에 당첨돼서 일시에 많은 돈을 가지게 된 사람 중, 그 돈을 오랫동안 간직하면서 행복하게 사는 사람이 드물다. 일시에 많은 돈을 가지니 흥청망청 탕진하고 가정의 행복도 잃고 건강도 망가지는 사람이 많다.

본문 蘇東坡曰, 無故而得千金이면 不有大福이라 必有大禍니라.

소동파가 말했다. 아무 이유 없이 천만금을 얻는 것은 큰 복이 아니라, 반드시 큰 재앙을 불러올 수 있느니라.

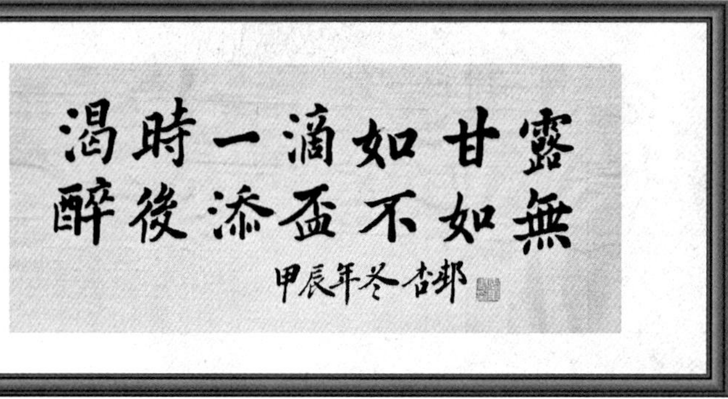

명구 117

渴時一滴如甘露 醉後添盃不如無

갈시일적여감로 취후첨배불여무

한자 연습 渴; 목마를 갈. 滴; 물방울 적. 露; 이슬 로. 醉; 술 취할 취. 添; 더할 첨. 盃; 잔 배.

해석 목마를 때 한 방울 물은 단 이슬과도 같고, 술에 취한 후에 잔을 더함은 안 마시는 것만 못하니라.

풀이 술은 적당히 마시면 좋은 음식이다. 적당한 반주는 음식 맛을 더해주고, 친구와 함께 마시는 술은 적당히 마시면 토론도 활발해지고 우의도 더욱 돈독히 한다. 그러나 그렇게 좋은 술도 취한 후에 '한 잔 더'가 두 잔이 되고, 두 잔이 석 잔이 되면 몸도 망가지고 친구도 잃을 수 있다. 더욱이 젊은 혈기에 2차, 3차는 화를 부를 수 있으니 삼가고 또 삼갈지어다.

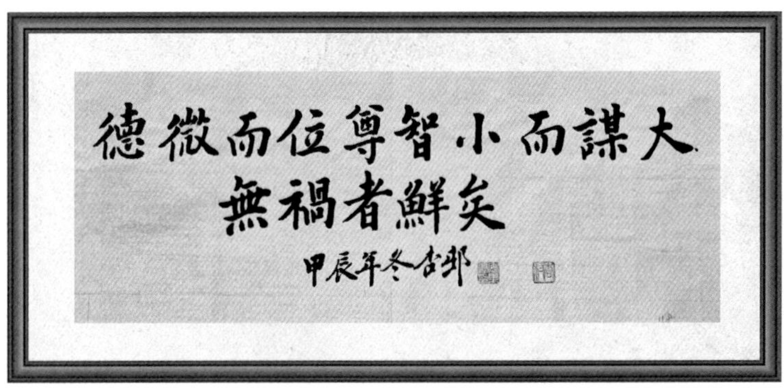

명구 118

德微而位尊 智小而謀大 無禍者鮮矣

덕미이위존 지소이모대 무화자선의

한자연습

德; 큰 덕. 은혜 덕. 微; 작을 미. 位; 자리 위. 尊; 높을 존. 智; 슬기 지. 謀; 꾀할 모. 鮮; 고울 선. 적을 선.

해석

덕이 적으면서도 지위가 높고, 지혜가 없으면서 도모하는 일이 크면 화가 없을 자가 드물 것이다.

풀이

높은 지위에 오르고 싶고, 돈을 많이 벌고 싶은 것은 모든 사람의 욕망이다. 그러나 지위나 부는 그에 걸맞은 인품을 갖춰야 한다. 그렇지 못하고 높은 지위에 오르거나 분수에 넘치는 부를 손에 넣으면 화를 면하기 어렵다.

본문

易에 曰, 德微而位尊하고 智小而謀大면 無禍者鮮矣니라.

『주역』에서 말하였다. 덕이 적으면서도 지위가 높고, 지혜가 없으면서 도모하는 일이 크면 화가 없을 자가 드물 것이다.

명구 119

器滿則溢 人滿則喪

기만즉일 인만즉상

한자 연습 器; 그릇 기. 滿; 찰 만. 가득할 만. 溢; 넘칠 일. 喪; 죽을 상. 잃을 상.

해석 그릇은 가득 차면 넘치고, 사람도 운수를 다하면 잃게 되느니라.

풀이 그릇에 물이나 물건이 가득 차면 넘치듯이, 사람도 절정의 순간이 되면 위험이 찾아온다. 그릇이 넘치는 것은, 우리 눈으로 보아 쉽게 알 수 있지만 사람이 절정의 순간이 오는 것은 자기는 알 수 없다. 그러니 높은 지위에 오른 사람은 이 명구를 항상 염두에 두고 더욱 조심해야 한다. 현대 국가에서 정치인들의 몰락을 보면 알 수 있다.

명구 120

尺璧非寶 寸陰是競

척벽비보 촌음시경

한자 연습 尺; 자 척. 편지 척. 璧; 둥근 옥 벽. 寶; 보배 보. 陰; 응달 음. 競; 다툴 경.

해석 한 자 되는 구슬을 보배로 여기지 말고, 한 치의 짧은 시간을 귀중히 여길지니라.

풀이 우리는 금은보화(金銀寶貨)는 대단히 귀중하게 여기나, 시간이 아까운 것은 잘 모른다. "시간은 금이다."라고 말하는 사람은 많으나, 아주 짧은 시간을 금쪽보다 더 아껴 쓰는 사람은 드물다.

특히 자라나는 어린이들이여! 시간을 아껴서 남보다 더 많이 공부하고, 자기가 하고 싶은 일을 더 많이 열심히 하라. 어릴 적 남보다 한 시간 더 열심히 공부하면 자라서 남보다 10년을 더 앞서갈 수 있다. 이 명구는 항상 가슴속 깊이 간직하고 실천하길 바란다.

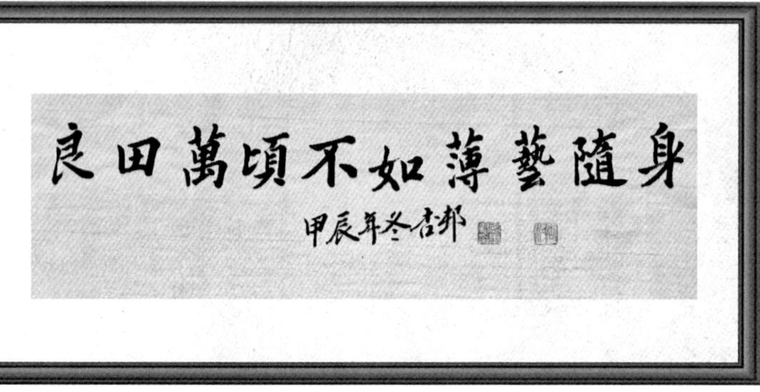

명구 121

良田萬頃 不如薄藝隨身

양전만경 불여박예수신

한자 연습 良; 좋을 양. 頃; 밭 넓이 단위 경. 薄; 엷을 박. 藝; 기예 예. 隨; 따를 수.

해석 좋은 밭이 만 이랑이라도 아주 적은 재주 한 가지를 몸에 지닌 것만 못하니라.

풀이 재물은 돌고 돈다. 내 손안에 있을 때가 유용한 것이다. 그러나 기술은 일단 익혀놓기만 하면 언제나 내 것이고 어떤 상황에도 큰 힘이 된다. 아무리 주어진 환경이 좋고 유리하더라도, 그것을 이용할 지식과 기술이 없다면 무용지물이 되는 것이다. 그러니 어려서부터 열심히 배우고 익혀야 한다.

본문 太公이 曰, 良田萬頃이 不如薄藝隨身이니라.

태공이 말하였다. 좋은 밭이 만 이랑이라도, 아주 적은 재주 한 가지를 몸에 지닌 것만 못하니라.

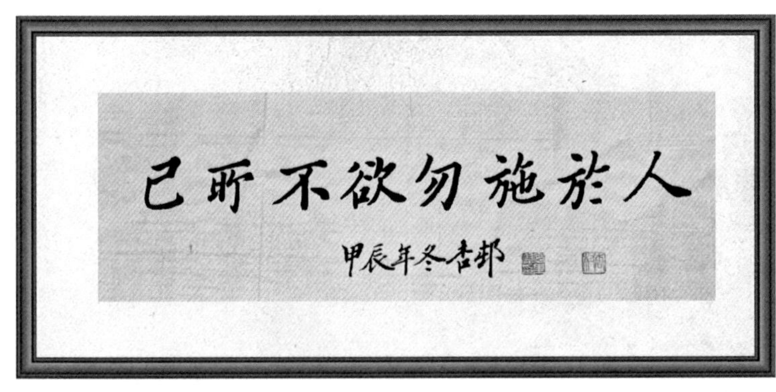

<table><tr><td>명구 122</td></tr></table>

己所不欲 勿施於人

기소불욕 물시어인

한자연습   己; 자기 기. 몸 기. 欲; 하고자 할 욕. 勿; 말 물. 施; 베풀 시.

해석   자기가 하기 싫은 일은 남에게 떠넘기지 말라.

풀이   공자님의 제자 자공이 공자님께 물었다. "일생 동안 지켜야 할 것이 무엇입니까?" 공자님께서 답하셨다. "내가 하기 싫은 일을 남에게 떠넘기지 않는 것이다." 간단한 것 같지만 심오한 진리다. 자기가 하기 싫은 일은 남도 하기 싫은 것이다. 항상 마음에 두고 지켜야 한다.

본문   性理書에 云, 接物之要는 己所不欲을 勿施於人하고 行有不得이어든 反求諸己니라.

『성리서』에서 말하였다. 다른 사람과 사귈 때의 중요한 것은 자기가 하기 싫은 일은 남에게 떠넘기지 말고, 자기가 행하고도 얻지 못한 것이 있거든 반성하여 그 책임을 자기에게서 구해야 하느니라.

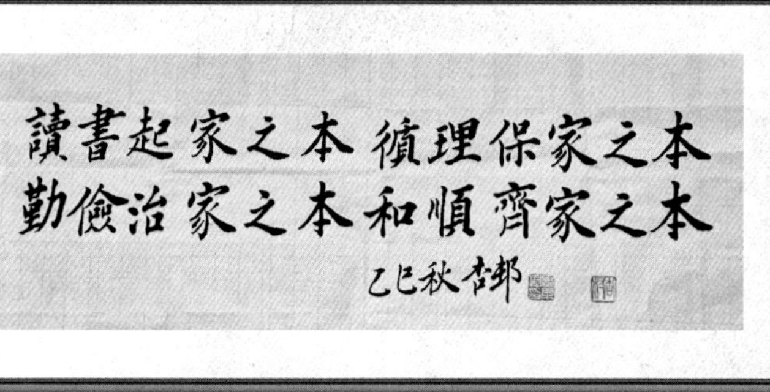

명구 123

讀書起家之本 循理保家之本
勤儉治家之本 和順齊家之本

독서기가지본 순리보가지본
근검치가지본 화순제가지본

한자 연습

讀; 읽을 독. 書; 쓸 서. 글 서. 起; 일어날 기. 家; 집 가. 循; 좇을 순. 理; 다스릴 이. 도리 이. 保; 지킬 보. 勤; 부지런할 근. 儉; 검소할 검. 治; 다스릴 치. 和; 화할 화. 順; 순할 순. 齊; 가지런할 제.

해석

책을 읽음은 집안을 다스리는 근본이요, 도리를 따르는 것은 집안을 보존하는 근본이요, 부지런함과 검소함은 집안을 잘 다스리는 근본이요. 화목하고 온순함은 온 집안을 편하게 하는 근본이다.

풀이

사람은 성장하면 그 집안의 가장이 된다. 훌륭한 가장이 되기 위해서는 어떠한 덕목이 필요한가. 여기서 꼭 필요한 네 가지 덕목을 제시한다. 독서(열심히 공부하고), 순리(세상의 모든 이치를 따르는 것), 근검(부지런하고 검소한 것), 그리고 화순(화목하고 온순한 것).

이 네 가지를 다 잘하면 더할 나위 없이 좋지만, 한 가지라도 가훈으로 정하고 철저히 지키면 좋을 덕목들이다.

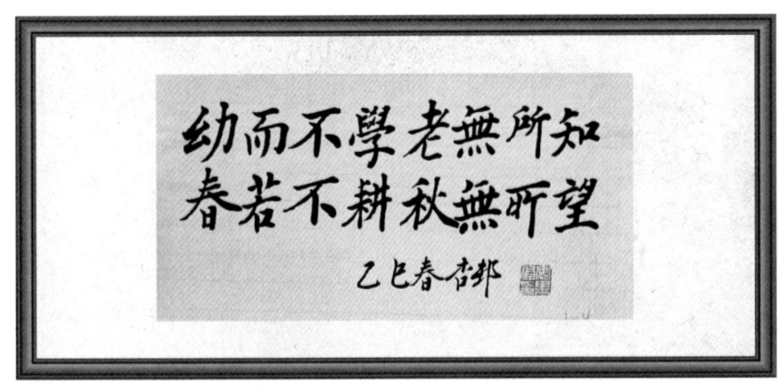

명구 124

幼而不學老無所知 春若不耕秋無所望

유이불학노무소지 춘약불경추무소망

한자 연습　幼; 어릴 유. 春; 봄 춘. 若; 같을 약. 만약 약. 耕; 밭 갈 경. 농사 경. 望; 바랄 망.

해석　어렸을 때 배우지 않으면 늙어서 아는 것이 없고, 봄에 밭을 갈고 농사 일을 하지 않으면 가을에 바랄 것이 없다.

풀이　모든 일은 때가 있는 것이다. 공부는 일생 동안 하는 것이지만, 어려서 기초를 탄탄히 해놓아야 한다. 즉 현재의 교육제도 아래서는 초, 중, 고등학교 때 공부를 열심히 해야 한다.

본문　孔子 三計圖에 云, 一生之計는 在於幼하고 一年之計는 在於春하고 一日之計는 在於寅이니, 幼而不學이면 老無所知요 春若不耕이면 秋無所望이요 寅若不起면 日無所辦이니라.

공자님께서 『삼계도』에서 말씀하셨다.
평생의 계획은 어릴 때 있고, 일 년의 계획은 봄에 있고, 하루의 계획은 새벽에 있으니, 어렸을 때 배워 두지 않으면 늙어서 아는 것이 없고, 봄에 밭을 갈지 않으면 가을에 바랄 것이 없으며, 새벽에 일어나지 않으면 그날의 할 일이 없느니라.

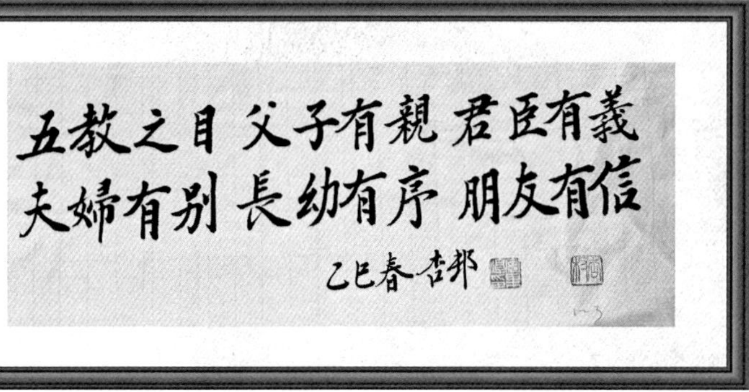

五教之目 父子有親 君臣有義
夫婦有別 長幼有序 朋友有信

오교지목 부자유친 군신유의
부부유별 장유유서 붕우유신

한자 연습

教; 가르칠 교. 親; 친할 친. 君; 임금 군. 臣; 신하 신. 義; 올을 의. 夫; 지아비 부. 婦; 아내 부. 別; 나눌 별. 구별 별. 幼; 어릴 유. 序; 차례 서. 朋; 벗 붕. 友; 벗 우. 信; 믿을 신.

해석

다섯 가지 가르칠 것은 부모와 자식 사이에는 친함이 있어야 하며, 임금과 신하 사이에는 의리가 있어야 하며, 남편과 아내 사이에는 분별이 있어야 하며, 어른과 어린이 사이에는 차례가 있어야 하며, 친구 사이에는 믿음이 있어야 하느니라.

풀이

이 다섯 가지 덕목을 오륜(五倫)이라고도 한다. 앞으로 배울 삼강과 함께 인간이 반드시 행하고 지켜야 한다. 시대의 변천에 따라 다소 변하기는 하겠지만 외우는 데 그치지 말고 일상생활에서 실천해야 할 덕목들이다.

본문

性理書에 云, 五交之目은 父子有親하며 君臣有義하며 夫婦有別하며 長幼有序하며 朋友有信이니라.

『성리서』에서 말하였다. 다섯 가지 가르칠 것은, 부모와 자식 사이에는 친함이 있어야 하며, 임금과 신하 사이에는 의리가 있어야 하며, 남편과 아내 사이에는 분별이 있어야 하며, 어른과 어린이 사이에는 차례가 있어야 하며, 친구 사이에는 믿음이 있어야 하느니라.

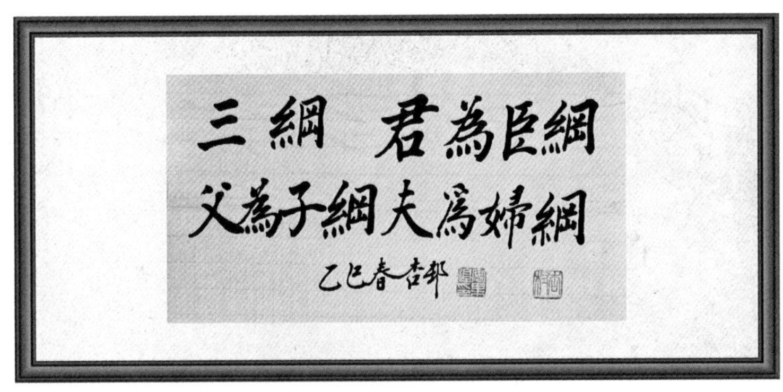

명구 126

三綱 君爲臣綱 父爲子綱 夫爲婦綱

삼강 군위신강 부위자강 부위부강

한자 연습 綱; 벼리 강. (그물을 버티는 줄).

해석 삼강이란, 임금은 신하의 모범이 되는 것이고, 어버이는 자식의 모범이 되는 것이고, 남편은 아내의 모범이 되는 것이니라.

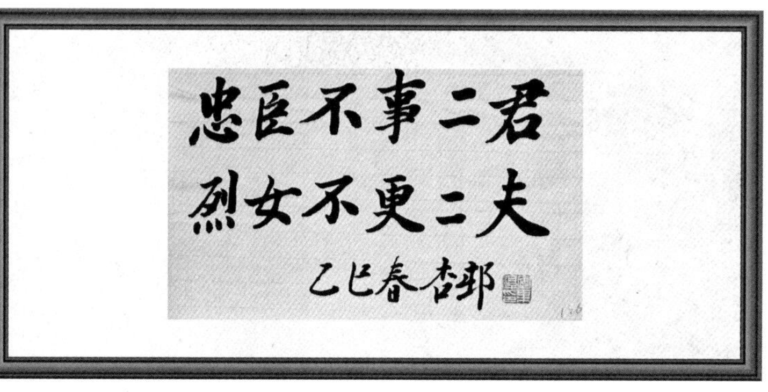

忠臣不事二君 烈女不更二夫

충신불사이군 열녀불경이부

한자 연습
忠; 충성 충. 臣; 신하 신. 事; 섬길 사. 일 사. 烈; 굳셀 열. 세찰 열. 更; 고칠 경. 다시 갱. 夫; 지아비 부.

해석
충신은 두 임금을 섬기지 않고, 절개가 곧은 여자는 두 지아비를 섬기지 않느니라.

풀이
역사적으로 유명한 충신하면 포은 정몽주 선생을 떠올린다. 그는 고려말의 뛰어난 학자이자 정치가였다. 당시 고려는 내부 권력 다툼과 외적의 침입으로 나라가 흔들리는 시기였다. 이때 이성계가 새로운 나라를 세우려는 움직임을 보였지만 정몽주는 고려를 끝까지 지키고자 했다. 정몽주 하면 떠오르는 '단심가'라는 시다. 단심가는 정몽주의 충절과 고려에 대한 그의 마음을 담은 시로 유명하다. "이 몸이 죽고 죽어 일백 번 고쳐 죽어, 백골이 진토 되어 넋이라도 있고 없고, 임 향한 일편단심이야 가실 줄이 있으랴" 그는 결국 이방원에 의하여 개성의 선죽교에서 죽임을 당했다.
충신이 두 임금을 섬기지 않는 것과 같이, 열녀는 두 지아비를 섬기지 않는다.

治官莫若平 臨財莫若廉

치관막약평 임재막약염

한자 연습 治; 다스릴 치. 若; 같을 약. 臨; 임할 임. 財; 재물 재. 廉; 청렴할 염.

해석 벼슬아치가 일을 처리함에는 공평함만 한 것이 없고, 재물을 대할 때는 깨끗한 마음을 가져야 하느니라.

풀이 정치하는 사람이나 공직에 있는 사람은 일을 처리할 때 공평을 제일의 덕목으로 삼아야 한다. 즉 국민의 편에서 일을 해야 한다. 그러나 말로는 그렇게 하면서 곁길로 가는 경우가 허다하다. 우리는 안타깝게도 이런 사례를 많이 접하게 된다.

바닷가 모래사장에 쓸쓸히 누워 있는 빈 배　　　어린이들이여! 이 배를 보고 무슨 생각을 하나? 이 배는 물이 들어오면 저 넓은 바다로 나가기 위해 기다리고 있는 것이다. 미국의 강철왕 카네기는 이와 비슷한 빈 배 그림을 자기 책상 앞에 걸어두고, 사업을 구상하고 실천하여 세계적인 강철왕이 되었다고 한다. 어린이들이여 어떤 곳에서나 영감을 얻고 실천하라.

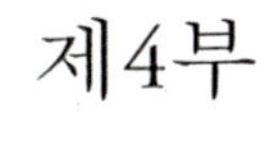

제4부

집안을 다스리는 글

하늘의 도리를 따르는 글

말을 신중히 하라는 글

벗 사귐에 대한 글

| 명구 129 | 待客不得不豊 治家不得不儉 |

대객부득불풍 치가부득불검

한자 연습
待; 대접할 대. 기다릴 대. 客; 손님 객. 不得不(부득불); …하지 않을 수 없다.
豊; 풍성할 풍. 治; 다스릴 치. 儉; 검소할; 검.

해석 손님을 대접할 때는 풍족하게 하고, 집안 살림살이는 검소하게 해야 하느니라.

풀이 돈이란 벌기도 어렵지만 쓰기도 어려운 것이다. 그러니 집안 살림은 검소하게 해야 하며, 남을 위해서 쓸 때는 아끼지 말아야 한다. 쉬운 일이 아니지만 같은 돈이라도 어떻게 쓰느냐에 따라 가치가 달라지는 것이다.

명구 130

子孝雙親樂 家和萬事成

자효쌍친락 가화만사성

한자 연습 雙; 쌍 쌍. 親; 어버이 친. 친할 친. 樂; 즐거울 락. 풍류 악. 和; 화할 화. 평화 화. 成; 이룰 성.

해석 자식이 효도하면 어버이는 즐겁고, 집안이 화목하면 모든 일이 뜻대로 되느니라.

풀이 자식이 부모에게 효도하고, 부모가 자식을 사랑하는 것은 천륜(天倫)이다. 즉 하늘이 인간에게 내린 불변의 윤리이다. 그러니 인간이면 부모님께 효도하는 것은 당연한 의무이기도 하다. 극진히 효도하라! 이러한 집안은 당연히 화목하고 모든 일이 뜻대로 될 것이다. 항상 마음속 깊이 간직하고 지킬 일이다.

명구 131

君子有勇而無禮爲亂 小人有勇而無禮爲盜

군자유용이무례위란 소인유용이무례위도

**한자
연습** 勇; 날쌜 용. 용감할 용. 禮; 예절 예. 亂; 어지러울 란. 盜; 훔칠 도. 도둑질 도.

해석 군자에게 용맹만 있고 예의가 없으면 세상을 어지럽게 하고, 소인에게 용기만 있고 예의가 없으면 도둑이 되느니라.

풀이 사람이 살아 가는데 용기는 반드시 필요하다. 어려움이 닥쳤을 때 그것을 해결하는 것은 용기와 결단이다. 그러나 용기는 꼭 써야 할 곳에 써야 한다. 남용하면 조직에 피해를 주고 사회를 어지럽힐 수가 있다. 특히 소인(자기 한 몸만 잘살려는 이기적인 사람)에게 용기만 있으면 도둑으로 전락할 수 있다.

본문 子曰, 君子有勇而無禮면 爲亂하고 小人有勇而無禮면 爲盜니라.

공자님께서 말씀하셨다. 군자에게 용맹만 있고 예의가 없으면 세상을 어지럽게 하고, 소인에게 용맹만 있고 예의가 없으면 도적질을 하느니라.

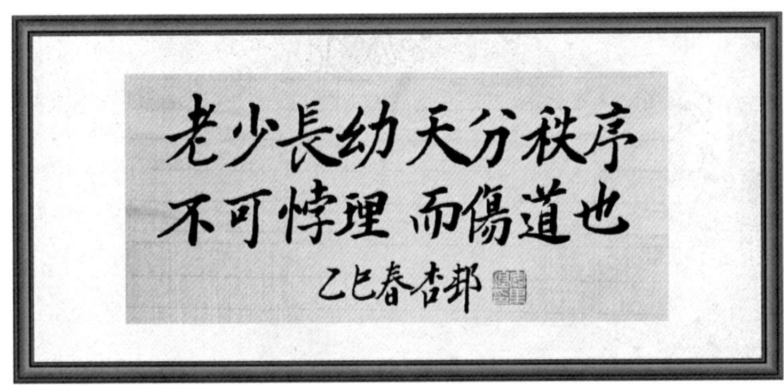

명구 132 老小長幼天分秩序 不可悖理而傷道也

노소장유천분질서 불가패리이상도야

한자 연습

老; 늙을 노. 小; 작을 소. 젊을 소. 長; 길 장. 어른 장. 幼; 어릴 유. 秩; 차례 질. 序; 차례 서. 悖; 어그러질 패. 傷; 상처 상.

해석

늙은이와 젊은이, 어른과 아이는 하늘이 정한 차례이니, 사물의 올바른 이치를 어기고 도덕을 상하게 해서는 안 되느니라.

풀이

이 세상에 먼저 나고 나중에 나오는 것은 자신의 의지와는 무관한 일이다. 이 순서는 절대로 바뀌지 않는다. 그러므로 하늘이 정해 준 질서라고 했다.

사람은 나이를 먹어가면서 이해의 폭도 넓어지고 학식과 경험도 풍부해진다. 그러므로 자기보다 나이가 많은 사람을 존경하고 때로는 보살피는 것이 인간의 도리인 것이다.

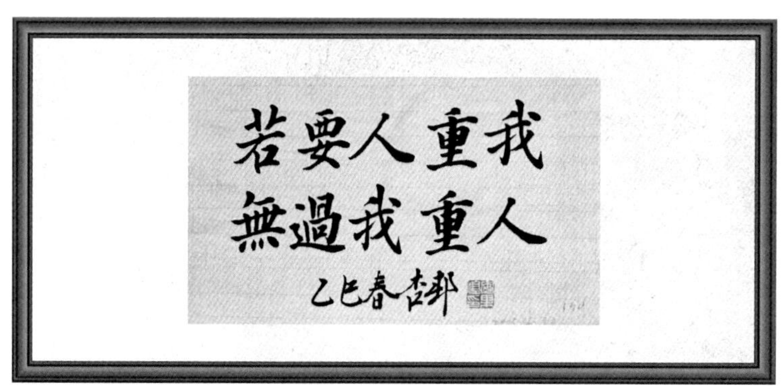

명구 133

若要人重我 無過我重人

약요인중아 무과아중인

한자 연습
若; 같을 약. 만약 약. 重; 무거울 중. 無過〜보다 더 나은 것이 없다.

해석
만일 다른 사람이 나를 소중히 여기기를 바란다면, 내가 먼저 그를 소중히 여겨야 하느니라.

풀이
이것은 당연한 이치다. 내가 남을 소중히 여기지 않는데 그가 나를 소중히 여기겠는가? 가까울수록 상대방을 소중히 여겨야 한다. 특히 부부간에는 남남으로 만나서 일생을 살아간다. 아내는 남편을, 남편은 아내를 존중하고 서로 이해해야, 부부가 행복하고 가정이 평화롭다.

父不言子之德 子不談父之過

부불언자지덕 자부담부지과

한자 연습 德; 큰 덕. 어질 덕. 談; 말씀 담. 過; 허물 과. 지날 과.

해석 아버지는 그 아들의 덕행을 말하지 말며, 아들은 자기 아버지의 허물을 말하지 말지니라.

풀이 귀엽고 사랑스럽지 않은 자식이 어디 있겠는가? 학교의 사생대회에서 참가자 전원에게 상을 주더라도, 그 상을 받은 자식을 자랑하고 싶은 것이 부모의 마음이다. 남에게 자식 자랑을 늘어놓는 것이 좋게만 보이지 않는다. 남의 자식은 더욱 훌륭할 수도 있을 것이고, 그렇지 않더라도 자식 자랑은 팔불출이 될 수도 있기 때문이다. 반면에 부모의 허물을 다른 사람 앞에서 들춰내는 자식은 자기 부모의 위신을 깎는 것은 물론이고 다른 사람의 비난을 받게 된다. 그 사람이 돌아서서는 자기를 불효자로 낙인찍는 계기를 만들어 준다.

명구 135

言不中理 不如不言

언불중리 불여불언

한자 연습
理; 다스릴 리. 이치 이. 中理; 이치에 맞다.

해석
말이 이치에 맞지 않으면 말하지 않음만 못하니라.

풀이
"말이면 다 말이냐."라는 속담이 있다. 말을 잘한다는 것은 무엇을 뜻하는가?
자기 의견을 논리 정연하게 전달하는 능력이다. 또한 말에는 반드시 진실이
내포되어야 한다. 진실이 없는 말은 아무리 조리가 있더라도 생명력이 없는
법이다.

一言不中 千語無用

일언부중 천어무용

 不中; 이치에 맞지 않다. 無用; 쓸모가 없다.

 한마디 말이 이치에 맞지 않으면, 천 마디의 말이라도 쓰일 데가 없느니라.

 남아일언 중천금(男兒一言 重千金)이란 말이 있다. 남자의 한마디 말은 천금보다 무겁다는 뜻이다. 중요한 말 한마디를 실언하게 되면 그 사람의 말은 천 마디를 해도 믿지 않게 되는 법이다. 정치가의 말은 더욱 그렇다. 요즘의 정치가 들은 금방 진실이 들통날 거짓말도 태연하게 쏟아낸다. 그러나 그 정치가의 말로를 보라. 말로써 망하는 정치가를 우리는 수도 없이 많이 본다.

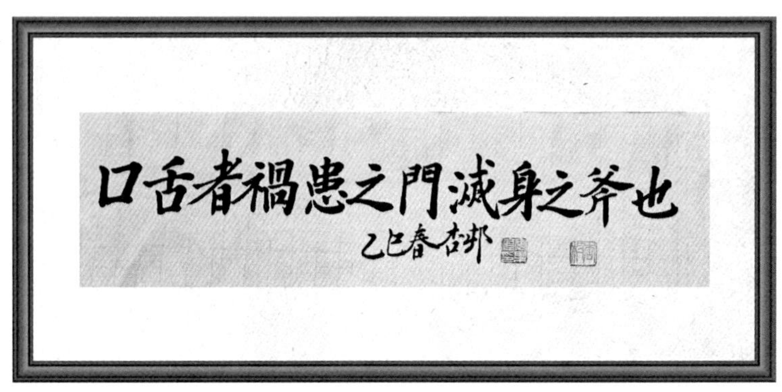

명구 137

口舌者 禍患之門 滅身之斧也

구설자 화환지문 멸신지부야

한자 연습　舌; 혀 설. 禍; 재앙 화. 患; 근심 환. 滅; 멸망할 멸. 斧; 도끼 부.

해석　입과 혀는 재앙과 근심을 불러들이는 문이요, 자기 몸을 망치게 하는 도끼이니라.

풀이　인간은 말이라는 훌륭한 소통의 도구를 가지고 이 땅에 태어났다. 아무리 훌륭한 소통의 도구라도 잘 사용해야 한다. 상대방에게 혹은 많은 대중에게 꼭 할 말을 조리 있고 이치에 맞게 전달해야 한다. 말로써 상대를 언짢게 하고 나아가서 원수가 지는 일도 허다하다. 상대방에게 잘못 전달된 말은 결국 자신을 망치는 수가 있으니 조심하고 또 조심해야 한다.

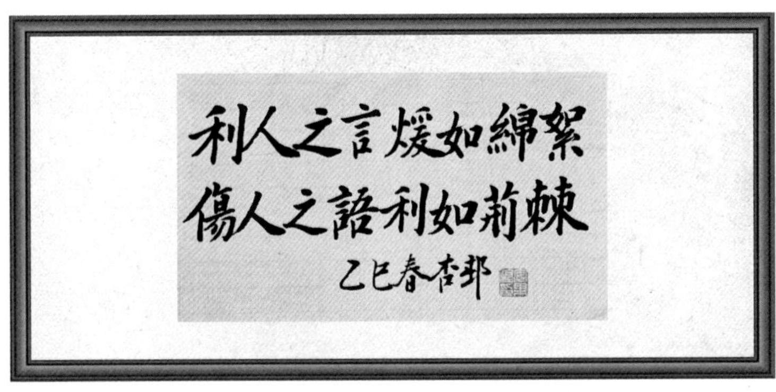

명구 138

利人之言煖如綿絮 傷人之語利如荊棘

이인지언난여면서 상인지어이여형극

한자 연습 煖; 따뜻할 난. 綿; 솜 면. 絮; 풀솜 서. 傷; 상처 상. 利; 날카로울 이. 이로울 이. 荊; 가시나무 형. 棘; 가시나무 극.

해석 사람을 이롭게 하는 말은 그 따뜻함이 솜털과 같고, 사람을 해롭게 하는 말은 그 날카롭기가 가시나무와 같다.

풀이 사람이 가진 세 치 혀는 가장 아름다울 수도 있고 가장 추할 수도 있다. 그러니 상대방과 대화할 때는 언제나 듣는 사람이 이해하고 또 그에게 이로운 말을 하는 게 제일이다. 충고할 경우가 있더라도 상대가 충분히 이해할 수 분위기인지를 파악하고 조심스럽게 하여야 한다.

본문 利人之言은 煖如綿絮하고 傷人之語는 利如荊棘하여 一言利人에 重値千金이요 一語傷人에 痛如刀割이니라.

사람을 이롭게 하는 말은 그 따뜻함이 솜털과 같고, 사람을 해롭게 하는 말은 그 날카롭기가 가시나무와 같아서 한마디 말이 사람을 이롭게 할 때에 중하기가 천금의 값어치요, 한마디 말이 사람을 해롭게 할 때에 아프기가 칼로 베는 것과 같으니라.

명구 139   口是傷人斧 言是割舌刀 閉口深藏舌 安身處處牢

구시상인부 언시할설도 폐구심장설 안신처처뢰

한자 연습   傷; 상처 상. 斧; 도끼 부. 割; 나눌 할. 벨 할. 閉; 닫을 폐. 深; 깊을 심. 藏; 감출 장. 處; 머물 처. 곧 처. 牢; 우리 뢰. 편안할 뢰.

해석   입은 사람을 다치게 하는 도끼요, 말은 혀를 베는 칼과 같으므로, 입을 다물고 혀를 깊이 감추어 두면 몸이 편안하고 어디를 가나 안전하다.

풀이   말은 자기 의사를 전달하는 훌륭한 도구이다. 그러나 말을 잘못하면 상대방에게 큰 상처를 줄 수도 있고, 나아가 원수지간이 될 수도 있다. 그럴 바에야 차라리 입을 닫으면, 어디를 가나 안전할 수 있다.

말은 신이 인간에게 준 가장 멋진 선물임에는 틀림이 없지만 그 선물을 어떻게 쓰느냐에 따라 보물이 될 수도 있고 사람을 베는 칼이 될 수도 있으니 항상 조심해야 한다.

176

명구 140

相識滿天下 知心能幾人
상식만천하 지심능기인

한자 연습
相; 서로 상. 識; 알 식. 滿; 가득할 만. 能; 능할 능. 幾; 얼마 기. 기미 기.

해석
얼굴을 아는 사람은 천하에 가득하되, 마음속을 서로 아는 사람은 과연 몇 사람이나 되는가?

풀이
우리가 아는 사람은 많다. 유치원, 초, 중, 고, 대학, 군복무, 직장 동료 등 헤아릴 수 없을 정도로 많다. 그러나 서로 마음을 주고받을 친구는 다섯 손가락으로 꼽을 정도다. 옛사람들은 사귀어서 자기에게 도움이 되는 친구를, 익자삼우(益者三友)라 했다. 정직한 사람, 신의가 있는 사람, 견문이 많은 사람을 사귀라 했다. 어려울 때나 즐거울 때나 마음을 열고 상의할 친구를 사귀기에는 쉽지 않으니, 주위에 서로 도움을 줄 수 있는 친구 셋만 있어도 행복하다.

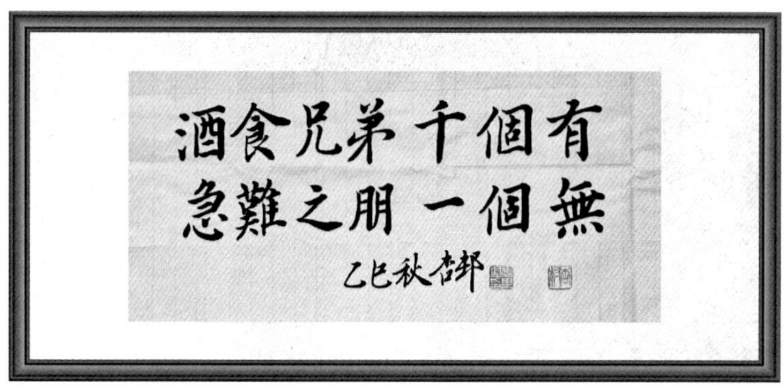

명구 141

酒食兄弟千個有 急難之朋一個無

주식형제천개유 급난지붕일개무

한자 연습 酒; 술 주. 弟; 아우 제. 個; 낱 개. 急; 급할 급. 難; 어려울 난.

해석 술과 음식을 함께 먹을 형제간 같은 친구는 천 명이로되, 위급하고 어려울 때의 친구는 한 명도 없느니라.

풀이 평소에 자주 만나고 서로 음식을 나누는 친구는 많아도, 진정으로 어려움을 당했을 때 서로 도울 친구는 드물다는 말이다. 그러니 어려울 때 서로 도울 친구 셋만 있어도 행복하다는 말이 실감 되지 않는가?

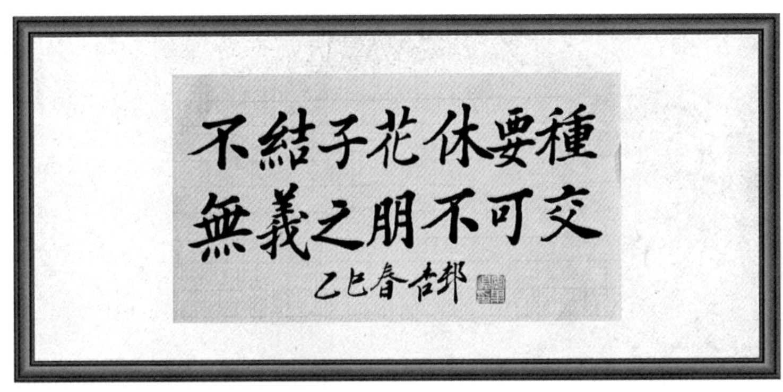

명구 142

不結子花休要種 無義之朋不可交

불결자화휴요종 무의지붕불가교

한자 연습 結; 맺을 결. 休; 쉴 휴. 種; 씨 종. 義; 옳을 의.

해석 열매를 맺지 않는 꽃은 심지 말고, 의리 없는 친구는 사귀지 말지니라.

풀이 의리란 무엇인가? 국어사전에 보면, '사람으로서 마땅히 지켜야 할 바른 도리'라고 풀이했다. 그렇다. 그러나 이 세상에 의리가 있는 사람이 얼마나 될까? 모든 사람이 이기심은 많지만, 주위에 의리가 있는 사람을 찾기는 어렵다. 그러니 의리가 있는 친구를 찾아서 사귀어야 한다. 그러려면 나도 의리가 충만하여야 한다.

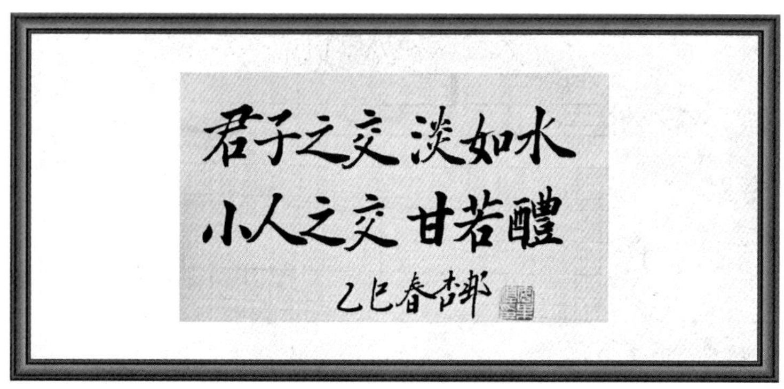

君子之交淡如水 小人之交甘若醴

군자지교담여수 소인지교감약예

한자 연습 淡; 묽을 담. 담박할 담. 甘; 달 감. 醴; 단술 예.

해석 군자의 사귐은 그 맑기가 물과도 같고, 소인의 사귐은 그 달콤하기가 단술과도 같으니라.

풀이 군자의 사귐이란 서로의 마음을 잘 알고 교분을 쌓아가는 과정이다. 이렇게 쌓인 교분에는 사심이 없다. 순수하기가 맑은 물과 같은 것이다. 그러나 소인의 사귐에는 그 속에 사심이 감추어져 있다. 상대방에게 사기 치는 사람의 행동을 보라. 달콤하기가 이를 데 없다. 필요 이상의 달콤함에는 반드시 사심이 숨겨져 있으니 항상 조심해야 한다.

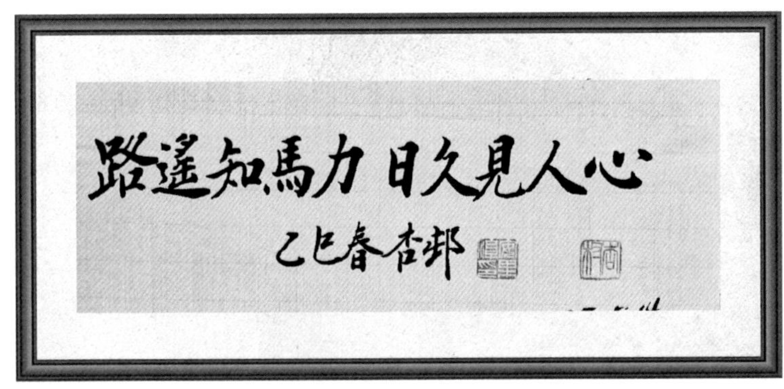

路遙知馬力 日久見人心

노요지마력 일구견인심

한자 연습 路; 길 노. 遙; 멀 요. 馬; 말 마. 力; 힘 역. 久; 오랠 구. 見; 볼 견.

해석 길이 멀어야 말의 힘을 알게 되고, 세월이 오래 지나야 사람의 마음을 보느니라.

풀이 2025년 현재 세계 인구수는 82억 명을 웃돈다. 그 82억 명 중 같은 사람이 없으며, 성품 또한 각양각색이다. 왜 이런 이야기를 하냐 하면 사람 판단하기가 매우 어렵다는 말을 하기 위해서다.

우선 사람을 처음 볼 때 첫인상이 좋아야 하지만, 첫인상이 좋은 사람이라고 반드시 좋은 사람도 아니다. 첫인상이 수수하다 해도 오래 사귀다 보면 진국인 사람 또한 많다.

러시아 동쪽 사할린섬의 코르시카 항구에서 맞은편 일본 홋카이도섬을 바라보는 군상들
일본이 우리나라를 지배하던 일제 말기에 러시아 사할린섬도 침략당했다. 그곳에는 우리 동포 5만여 명이 광산노동자, 군수산업 종사자 등으로 강제 동원되었다. 일본이 미국의 원자탄 두 발로 항복하자, 일본에 의하여 다른 곳으로 강제로 징집되었던 우리 국민은 다 돌아왔다. 그러나 사할린섬에서는 일본인들을 일본 배로 다 철수시키고 우리 민족에게는 다음 배로 철수한다고 공지하고는 일본 배는 오지 않았다. 이 그림은 일본 쪽을 바라보는 항구언덕에서 하염없이 기다리는 우리 민족의 슬픈 모습을 그렸다. 어린이들이여? 우리나라는 지정학적으로 강대국에 둘러싸여 있다. 공부를 열심히 하고 단결하여 나라를 더욱 부강하게 키워야 한다.

제5부

부녀자가 지켜야 할 글

배움을 권하는 글

賢婦令夫貴 佞婦令夫賤

현부영부귀 영부영부천

한자 연습

賢; 어질 현. 婦; 며느리 부. 아내 부. 令; 영 영. 내릴 영. 佞; 아첨할 영. 賤; 천할 천.

해석

어진 부인은 남편을 귀하게 만들고, 간악한 부인은 남편을 천하게 하느니라.

풀이

우리 인간은 성인이 되면 남남이었던 남녀가 만나서 결혼하고 아이들을 갖게 된다. 그러나 일생 동안 사랑하고, 이해하고, 서로의 단점을 보완하며 살아가기란 그렇게 쉽지 않다. 그래서 요즘은 이혼율이 급증한다. 이혼을 하면 무엇보다 아이들이 불행해진다. 이는 부모의 책임이다. 그러니 성인이 되면서 남녀가 만나서 결혼에 이르는 과정은 신중에 신중을 거듭하되, 일생을 서로 사랑하고 이해하고 존중하면서 살아야 한다.

명구 146

家有賢妻 夫不遭橫禍

가유현처 부불조횡화

한자연습 賢; 어질 현. 遭; 만날 조. 橫; 비낄 횡. 가로 횡. 禍; 재앙 화.

해석 집안에 어진 아내가 있으면, 그 남편은 뜻밖의 화를 당하지 않느니라.

풀이 집안에 어진 부인이 있으면, 남편의 마음은 언제나 평화롭고 편안하며 직장에서 일을 하거나 사업을 해도 순조로울 것이다. 또한 밖에서 일이 끝나면 술판을 벌이거나 쓸데없는 일을 하지 않고 빨리 집에 돌아오는 것이 항상 즐거운 것이다.

賢婦和六親 佞夫破六親

현부화육친 영부파육친

한자 연습 和; 화목할 화. 화할 화. 佞; 아첨할 영. 간악할 영. 破; 깨뜨릴 파.

해석 어진 아내는 모든 친척을 화목하게 하고, 간악한 아내는 친척의 화목을 깨뜨린다.

풀이 친척들을 화목하게 아우르는 것은 어진 가정주부다. 특히 종가의 주부가 어질고 잘하면 친척들이 화목해지는 것이다.

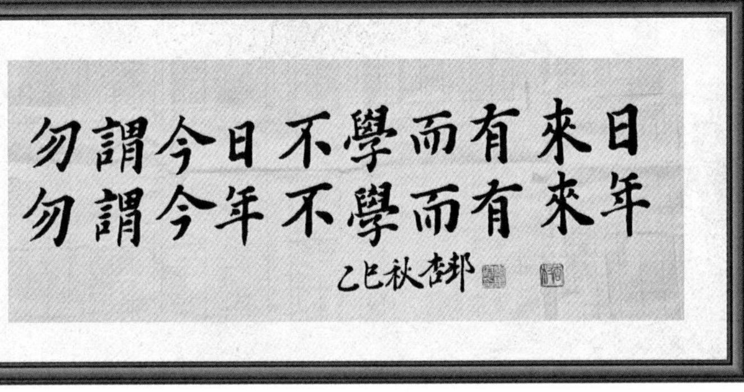

명구 148 勿謂今日不學而有來日 勿謂今年不學而有來年

물위금일불학이유내일 물위금년불학이유내년

한자 연습 勿; 말 물. 謂; 이를 위.

해석 오늘 배우지 않고서 내일이 있다고 말하지 말며, 금년에 배우지 않고서 내년이 있다고 말하지 말라.

풀이 '오늘 일을 내일로 미루지 말라.'라는 경구가 있다. 특히 배움에는 때가 있다. 다행히 현대 교육은 초, 중, 고, 대학이 명확하고 학년이 명확하기에 그날 배울 것은 그날 배워서 익혀야 하고, 그해에 배울 것은 그해에 배워야 한다.

본문 朱子日, 勿謂今日不學而有來日하며 勿謂今年不學而有來年하라 日月逝矣라 歲不我延이니 嗚呼老矣라 是誰之愆고

주자가 말하였다. 오늘 배우지 않고서 내일이 있다고 말하지 말며, 금년에 배우지 않고서 내년이 있다고 말하지 말라. 세월은 흘러가는 것이라 나를 위해 기다리지 않는다. 아! 늙었도다. 이것은 누구의 탓인가?

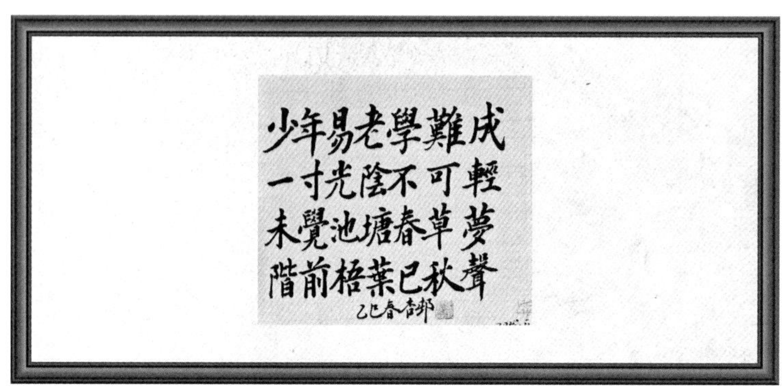

명구 149

少年易老學難成 一寸光陰不可輕
未覺池塘春草夢 階前梧葉已秋聲

소년이로학난성 일촌광음불가경
미각지당춘초몽 계전오엽이추성

한자 연습

易; 쉬울 이. 難; 어려울 난. 成; 이룰 성. 寸; 마디 촌. 光; 빛 광. 陰; 그늘 음. 輕; 가벼울 경. 未; 아닐 미. 覺; 깨달을 각. 池; 연못 지. 塘; 못 당. 夢; 꿈 몽. 階; 섬돌 계. 梧; 오동나무 오. 葉; 잎 엽. 已; 이미 이. 秋; 가을 추. 聲; 소리 성.

해석

소년은 늙기가 쉽고 학문은 이루기가 어렵나니, 아주 짧은 시간도 아껴서 써라. 아직도 연못가의 봄풀은 꿈에서 깨지 못하였는데, 섬돌 앞의 오동나무 잎은 벌써 가을을 재촉하는구나.

풀이

사랑하는 소년 소녀들이여! 대한민국의 찬란한 앞날을 만들어 갈 역군들이여! 나는 그대들에게 이 말을 전하기 위하여 일백사십팔 개의 굽잇길과 고갯길을 지나 여기까지 왔다오. 요즘 백세시대라 하지만, 배움은 때가 있는 것. 어릴 때 열심히 배우지 않고 허송세월하면 세월은 언제 지나가는 줄도 모르게 빛(光陰)과 같이, 화살과 같이 지나간단다. 어려서 열심히 공부하지 않고 때를 놓치면, 땅을 치고 후회한들 이미 지나간 세월이 다시 돌아오겠는가? "一寸光陰不可輕" 할지어다.

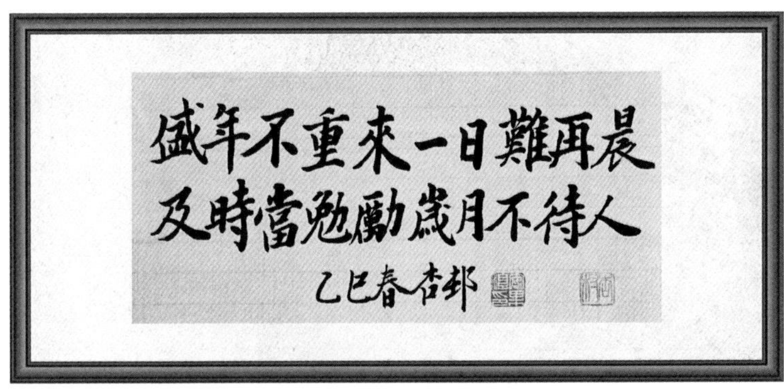

명구 150 盛年不重來 一日難再晨 及時當勉勵 歲月不待人

성년부중래 일일난재신 급시당면려 세월부대인

한자 연습 盛; 왕성할 성. 重; 다시 중. 무거울 중. 難; 어려울 난. 晨; 새벽 신. 及; 이를 급. 미칠 급. 當; 마땅 당. 勉; 힘쓸 면. 勵; 힘쓸 려. 待; 기다릴 대.

해석 젊음은 두 번 다시 오지 않고, 새벽은 하루에 두 번 오지 않으니, 때가 오거든 마땅히 학문에 힘써라. 세월은 사람을 기다려주지 않느니라.

풀이 소년, 소녀들이여! 다시 한번 강조하노니, 세월은 너희를 위해 기다려주지 않는다. 어릴 때 공부를 열심히 하길 바라면서 '명심보감 명구 150선'을 마친다.

본문 陶淵明 詩云, 盛年은 不重來하고 一日은 難再晨하니 及時當勉勵하라 歲月은 不待人이니라.

도연명이 시에서 말하였다. 젊음은 두 번 다시 오지 않고, 새벽은 하루에 두 번 오지 않으니, 때가 되거든 마땅히 학문에 힘써라. 세월은 사람을 기다려주지 않느니라.

엄마와 함께 공부하는

명심보감 명구 150선

초판인쇄 2025년 12월 26일
초판발행 2025년 12월 26일

지 은 이 안과순
펴 낸 이 채종준
펴 낸 곳 한국학술정보(주)
주   소 경기도 파주시 회동길 230(문발동)
전   화 031-908-3181(대표)
팩   스 031-908-3189
투고문의 ksibook1@kstudy.com
등   록 제일산-115호(2000. 6. 19)

ISBN   979-11-7457-344-5 03150

이담북스는 한국학술정보(주)의 학술/학습도서 출판 브랜드입니다.
이 시대 꼭 필요한 것만 담아 독자와 함께 공유한다는 의미를 나타냈습니다.
다양한 분야 전문가의 지식과 경험을 고스란히 전해 배움의 즐거움을 선물하는 책을 만들고자 합니다.